인문학,
아이들의
꿈집을
만들다

이 도서의 국립중앙도서관 출판시도서목록(CIP)은 e-CIP홈페이지(http://www.nl.go.kr/ecip)에서 이용하실 수 있습니다.

인문학, 아이들의 꿈집을 만들다

관계와 소통을 위한 행복한 인문학 이야기

2012년 5월 15일 초판 1쇄 펴냄

© 김호연 유강하, 2012

지은이 | 김호연 유강하
펴낸이 | 박성규
펴낸곳 | 도서출판 단비
대표 | 김준연
편집 | 권나명
등록 | 2003년 3월 24일(제10-2603호)
주소 | 서울시 은평구 신사동 25-6 예동빌딩 3층(122-882)
전화 | 02-322-0268
팩스 | 02-322-0271
전자우편 | rainwelcome@hanmail.net
ISBN 978-89-967987-1-2   03100

관계와 소통을 위한
행복한 인문학 이야기

인문학,
아이들의 꿈집을
만들다

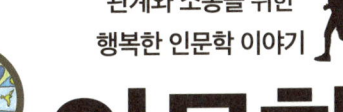

김호연 · 유강하 지음

단비
danbi

차례

1

예전에는 한 그릇의 밥과 한 보따리의 책만 있어도 배부르고 행복한 시절이 있었다고 한다. 하지만 요즘처럼 각박해진 세상에는 무언가 다른 삶의 동반자가 필요하지 않을까. 필자들은 이상일지 언정 뜻을 높이 품고 즐거운 생각이 가득하며 세상에 나서더라도 더러움에 물들지 않으면서도, 조금 고단할지라도 품은 뜻을 지키 며 살아가는 데 도움을 얻을 수 있는 공부, 그런 공부를 하고 싶었다. 공부란 모름지기 배우고 익히는, 그래서 가르치는 데만 머무르 지 않고 어디로 가야 할지 가르쳐 줄 수도 있다면 얼마나 좋겠는 가 하고 생각해 보았다.

그런데 그 공부를 어디서 어떻게 배우고 익힐 수 있을까. 인간의 삶이야말로 가장 훌륭한 공부의 원천이자, 인생의 스승일 것이다. 인간의 삶과 동떨어져 이야기할 수 있는 것은 아무것도 없기 때문 이다. 인문학은 인간의 삶과 인간의 무늬[人文]에 관해 연구하는 학문이다. 그래서일까. 인문학은 시간이 지나면 지날수록 향기로 워지기도 하고, 인간의 무늬를 향해 가는 발걸음이 진지해질수록 그 맛도 깊어지고 멋스러움도 더해 가는 것 같다. 그렇기에 인문학은 훌륭한 인생의 동반자가 될 수 있으리라.

이 책에는 어른부터 청소년에 이르기까지 새로운 인생의 동반자를 원하는 사람이라면 누구나 함께 공감하고 생각해 볼 수 있는 주제들이 많다. 특히 부모와 자식, 교사와 학생이 함께 머리를 맞대고 고민하고 해법을 찾아 가는 데 도움을 주는 내용들이 주를 이루고 있다. 도구적인 공부에만 익숙한 모든 이들에게 삶을 대하는 태도와 자세를 기르고 인간다운 소양(Humanistic Literacy)을 키워 가는 데 도움이 될 것이다.

2

최근 우리가 연구하는 학문은, 그것이 어떤 것이든 모두 시간의 물결 속에서 인간의 삶과 어울려 만들어진 산물이다. 세상 속에서 모든 학문은 저마다 인간의 더 나은 삶을 고민하여 '지금, 여기'에 다다른 것이다. 그런데 정작 '지금, 여기'의 학문들 가운데, 세상과 소통하고 그 속에서 인간의 무늬를 알아 가려는 것은 찾아 보기 어렵다. 세상과 그 세상 속 인간의 삶을 논하는 것이 '지금, 여기'에서는 그리 마뜩지 않은 모양이다. 과연 '지금, 여기'에서 우리의 삶은, 우리의 미래는, 또 우리의 행복은 어디를 향해 가고 있으며, 어떻게 얻을 수 있는 것일까? 이것이 필자들이 품은 고민의 출발점이었다.

　문학·역사·철학으로 대표되는 인문학은 인간의 정서와 삶의 기억들 그리고 보편적 지혜를 담아 인간 스스로 자신의 삶을 돌아보고, 각자 자신의 삶과 미래에 통찰력(insight + overview)을 키우고, 그에 기초해 인식의 전환과 새로운 실천적 행위를 수행하는 데 도움을 주는 학문이다. 어차피 인생에 따라가기만 하면 되는 주어진 시간표 같은 건 없다. 그렇기에 우리는 끊임없이 자신의 삶을 성찰하고, 그 위에서 내일을 준비해야만 한다. 그래야만 행복으로 가는 티켓을 거머쥘 수 있는 것이다. 인문학은 바로 이런 일들을 돕는 학문이다. 때로는 남의 욕망을 나의 욕망으로 착각하고 사는 사람들도 많지만, 많은 사람들은 '내 인생 최고의 날은 아직 오지 않았다'고 믿으며 살아가리라. 이런 사람들에게 필요한 학문이 바로 인문학인 셈이다.

　행복. 그렇다. 필자들이 '지금, 여기'에서 다루려는 주제들은 모두 인간 삶의 행복과 관련되어 있다. 행복의 움막에 자리하고 싶은 이들에게 주고 싶은 선물 보따리인 셈이다. 필자들은 기본적으로 인간은 단순히 생물학적 차원의 생명 유지만이 아니라 사회적 차원의 생명 유지가 가능할 때에야 비로소 행복의 움막에 다다를 수 있다고 믿는다. 행복한 삶이란 신체와 정신 모두가 건강할 때 가능하다고 믿기 때문이다. 생물학적 차원의 생명 유지는 눈부신 의학의 발전으로 어느 정도 가능해졌다. 그런데 사회적 존재로서의 인간 삶은 더욱 각박해지고, 고통이라는 이름의 버거운 짐을 짊어지면서 스스로의 존재감마저 상실해 가고 있는 듯이 보인다.

　만일 누군가가 자신이 누구인지, 어디를 향해 가야 하는지 그리고 무엇을 해야 하는지 고민하고 고통의 정글 속을 동분서주하며 행복과는 거리가 먼 길을 가고 있다면, 그때 우리는 어떤 선택을 할 수 있을까. 그 해답을 얻기 위해 생물학이나 심리학 책을 찾아야 할까 아니면 동서고금의 지혜가 녹아 있는 문학과 역사와 철학 관련 서적을 읽는 것이 더 유용할까. 필자들의 답은 당연히 후자다. 만일 인간이 그저 생물학적 존재이기만 하다면 작은 요소들의 물리·화학적 상호 관계로 인체나 정신세계를 탐구하는 실증적 학문이 커다란 도움이 될 것이다. 하지만 인간은 그저 생물학적 존재가 아니라 사회적 존재이기에 사람다움을 오래도록 천착해 온 인문학이 누군가의 존재감을 회복하고 그럼으로써 행복한 삶을 스스로 만들어 갈 수 있도록 돕는 데 훨씬 더 유용하리라 생각한다.

동서양의 고전이나 이야기 그리고 그 속에 담긴 지혜들을 활용하고 인문학의 전통적인 공부 방법인 읽기, 쓰기, 말하기 그리고 듣기를 스스로 실천해 보는 것은 모든 이들의 행복에 커다란 도움이 될 터이다. 인문학 공부는 어린이와 청소년에게는 자아 존중감을 심어 주고 사회적 일탈을 미연에 방지할 수 있는 계기를 만들어 줄 수 있으며, 또 성인들에게도 뜻하지 않은 경험과 기억에서 오는 고통으로부터 스스로 벗어날 수 있는 힘을 길러 줄 수 있다. 인문학은 다른 학문 분야와 달리 당장에 효과를 보여 주거나 수치로 증명할 수는 없는 학문임이 분명하다. 그렇다고 인문학 무용론을 들먹일 필요는 없다. 인문학의 참다운 가치는 시간이 흐름에 따라 더욱 그 빛을 발하고, 또 인간 삶의 가장 가까운 자리에서 인생을 더욱 의미 있게 해 주는 데서 찾을 수 있기 때문이다. 인간이 단순히 휴먼(Human)이 아니라 휴먼-빙(Human-being)인 것은 자기 행복을 스스로 찾기 위해 노력하기 때문이 아닌가. 인문학은 그런 인간 존재의 의미를 새롭게 해 주는 데 도움을 주는 학문인 것이다.

3

이 책에는 주로 2008년 겨울부터 필자들이 어린이와 청소년을 대상으로 진행한 '꿈집을 만드는 인문학교'의 강의 내용을 중심으로 필자들의 생각을 담았다. 필자들이 기획한 프로그램은 '관계와 소통'과 '꿈집 만들기'인데, 이 책에서는 '관계와 소통' 프로그램을 운영하면서 중요하다고 생각하는 열두 가지 주제를 선별하여 소개한다. 필자들은 꿈이란 혼자서는 이룰 수 없는 것이고, 그렇기에 꿈을 꾸고 살아가는 모든 이들은 올바른 관계 맺기와 소통을 통해 그 꿈을 함께 이루어 가는 것이라 생각한다. 자기만을 위한 공부가 아니라 우리 모두를 위한 공부가 필요하다고 보았다. 따라서 이 책에서 다루는 주제들은 사회적 존재로서의 자아 성찰로부터 또 다른 나인 '너'와의 관계를 고민하면서 나의 꿈을 만들어 가는 데 도움이 될 만한 내용들이다. 일천한 경험과 역량이기에 부족한 부분이 많으리라 생각한다. 진정성을 갖고 앞으로 더 많은 경험과 반성을 통해 계속 보완해 나갈 계획이다.

인문학교를 운영하고 강의와 상담과 치유를 실천하면서 고귀한 지성들의 생각과 글과 말이 커다란 도움이 되었다. 이 자리를 빌려 깊이 감사드린다. 필자들을 적극적으로 지원해 주었던 강릉시 평생학습도시추진단, 강원도 춘천교육지원청, 춘천시와 양구군의 관계자들 그리고 '꿈집'의 든든한 후원자들께도 고마운 마음을 전하고 싶다.

이 책은 강릉시 성덕반딧불 도서관(성덕초등학교와 강릉중학교), 춘천시 강서중학교·광판중학교·가산초등학교·오동초등학교, 양구군 문화복지센터, 그 밖의 많은 초·중·고등학교에서 만난 아이들 덕분에 세상에 나올 수 있었다. 그 사랑스러운 아이들이 없었다면 삶이 이렇게도 행복한 것인지 절절히 깨닫지 못했으리라는 생각이 든다. 이 책은 우리 가슴을 파고들며 따스한 온기를 느끼게 해 주고 사람의 향기를 맡게 해 주었던 그리고 지금도 스스로의 '꿈집'을 만들어 가고 있는 모든 아이들의 것이다.

누군가가 가는 길이 어디로 향해 있든, 그 길 위에서 스스로 인간다움을 갖춰 행복한 삶을 살 수 있으면 그만일 것이다. 행복을 꿈꾸는 모든 이들의 꿈집이 점점 커져, 향기로운 생각들로 이 세상이 가득해지기를 진심으로 소망해 본다.

'꿈집'을 만드는 인문학교에서

저자들 적음

인문학은 행복학!

인문학은 인간의 무늬에 대해 알아 가는 학문이다. 문학, 역사 그리고 철학으로 상징되는 인문학자들은 인류의 역사가 시작된 이래 줄곧 인간의 무늬에 대해 고민해 왔다. 그렇기에 인문학은 인간의 삶과 가장 가까운 곳에서 인간과 함께 역사를 이뤄 온 학문이라 할 만하다. 자연의 위대함(?)에 맞서 인간 삶의 유지를 최우선으로 꼽던 고대에는 인문학이 모든 학문을 주도했다. 그런데 과학이란 이름의 새로운 학문이 등장하자, 사람들은 점차 비과학적·비합리적으로 보이는 인문학을 멀리하기 시작했다.

과학이 점점 발전하여 인간 삶의 모든 영역을 규율하게 되면서 '실용성'과 '결과'를 지나치게 강조하는 분위기가 형성되자, 인문학은 더욱 대중과 멀어지게 되었다. 인문학은 단기간에 눈에 보이는 결과를 내거나 당장 실용적인 결과를 보여 줄 수 없기 때문이다. 단기간에 뚜렷한 효과를 보여 주기 어렵다 보니, 인문학은 '쓸모없는' 학문으로 여겨져 추락을 거듭하게 되었다. 특히 모든 것이 돈으로만 환원되는 세상에서 단박에 돈으로 바꿀 수 없는 듯 보이는 인문학은 사람들의 관심으로부터 점차 멀어져 가고 말았다.

그런데 우리가 잊지 말아야 할 것이 있다. 인간에 대한 연구는 투자한 시간과 결과가 꼭 비례하지 않는다는 사실이다. 고대인들이 물었던 "인간이란 무엇인가"라는 질문이 오늘을 살아가는 우리에게도 궁금증을 불러일으키는 질문이라는 점은 '더 빠르고 정확한 정답'이 유독 인간에게는 적용되지 않는다는 사실을 말해 준다. 인간은 고정되어 '탐구 가능한' 존재가 아니라 언제든 무한한 변화가 가능한 '희망체'이기 때문인 것이다. 인문학, 그것은 느림의 미학이 적용되는 그런 학문이다.

최근 우리가 연구하는 학문, 예를 들어 과학 등 실용적인 학문도 결국 인간의 더 나은 삶을 위해 발전해 온 것이 사실이지만, 더 나아진 삶이 육체를 편안하게 해 준 데서 더 발전하지는 않고 있다. 육체의 안락함이 정신의 평온함까지 담보하지 못하기 때문이다. 우리의 삶이 육체적으로 편안한 삶만을 지향하는 것이 아니라면, 우리는 우리의 정신과 마음 그리고 삶의 현장 곳곳을 돌아보고 가장 인간다운 삶, 행복한 삶이 어떤 것인지 고민해야 한다. 인문학의 가치가 바로 여기에 있고, 인문학교가 지향하는 목표 또한 여기에서 찾을 수 있다. 사실 사회학이나 자연과학도 결국은 더 좋은, 그래서 조금이라도 더 행복한 세상을 만들고자 사회나 자연에 대해 탐구하는 학문이다. 인간의 궁극적인 삶의 목적이 행복한 삶이기 때문이다. 바로 그러한 행복한 삶의 주체, 더 좋은 사회의 주인은 '사람' 그 자체일 것이고, 따라서 그 '사람'을 이해하도록 돕는 데 필요한 학문이 바로 인문학이다. 이런 점에서 본다면, 인문학이야말로 인간 삶에 없어서는 안 될 필수 비타민이 아닐까.

꿈집을 만드는 인문학교

'꿈집을 만드는 인문학교'는 초등학교 어린이를 비롯하여, 중·고등학생, 일반인까지 참여할 수 있는 '지속 가능한 행복'을 만드는 공간이자 '모든 것들의 치유'를 추구하는 일종의 '삶 치유'가 진행되는 멀티플렉스 공간이다. 이 책에서 소개하고 있는 내용은 여러 대상들 가운데 어린이·청소년과 함께했던 프로그램이 주를 이루지만, 그 내용은 비단 어린이나 청소년에게만 해당하는 것이 아니라 고단한 삶을 살아가는 모든 이들에게도 통용될 만하다.

필자들은 어린이·청소년들과 함께 인간답게 사는 것의 의미, 행복하게 사는 것의 의미를 모색해 보고자 했다. 초등학교부터 고등학교 때까지 '입시'라는 단일한 목표를 향해 나아가는 학생들은 학교 공부 외의 다른 것들은 무시되기 쉬운 현실에 무방비로 노출되어 있다. 경쟁적 사회 분위기에서 학생들은 자신의 희망이 무엇인지, 또 그 희망이 과연 자신의 것인지도 고민할 여력이 없다. 더욱이 학생들이 품는 희망은 대부분 기실 어른들이 그들에게 제시하거나 어른들이 생각하는 희망, 다시 말해 사회적으로 높은 지위나 부의 축적과 연관된 것에 불과한 측면이 크다. 더 많이 공부하는 이유가 더 좋은 학교에 가고 더 좋은 교육을 받기 위해서이며 그 궁극적인 지향점이 사회적 성공에만 초점이 맞추어져 있다면, 지식의 양은 증가하겠지만 인간 존재와 사회에 대한 깊은 이해나

안목은 결여될 수밖에 없다. 만일 더 많은 공부, 더 좋은 교육, 더 나은 사회적 지위 등을 추구하는 것이 '더 좋은 삶'을 살기 위해서 라면, 그것에 대한 단순히 양적 측면뿐만 아니라 질적인 면에서의 접근도 필요해 보인다.

이런 견지에서 필자들은 단순히 암기로 가능한 학습이 아닌, 스스로 생각함으로써 옳고 그름을 분별하고 더 나아가 그것을 삶에서 실천할 수 있도록 돕는다는 취지로 '꿈집을 만드는 인문학교'를 운영하고 있다. 이는 '더 좋은 삶'에 대한 올곧은 이해는 물론이고, 학생들 스스로 자신의 삶을 슬기롭게 개척해 갈 수 있는 정신적 자양분을 제공함으로써, 그들의 꿈과 희망을 스스로의 삶과 사회의 연관 속에서 실현해 내는 중요한 밑거름이 될 것이다.

관계와 소통, 행복한 삶의 출발점

인문학의 초점은 '사람'이다. 사람을 정의하는 방식은 각자의 관심에 따라 다르겠지만, 가장 일반론적 차원에서 본다면 인간은 사회적 존재이다. 그렇기에 그리스의 철학자 아리스토텔레스가 포착한 인간의 특징, 곧 인간은 '사회적 동물'이라는 정의는 현재도 여전히 유효하게 통용되고 있다. 즉 인간이라는 존재는 모름지기 또 다른 나인 '너'라는 존재와 한데 어울려 그 안에서 자신의 존재를 이해하게 되며, 삶의 의미도 그 사이에서 찾게 된다. 따라서 누구라도 온전한 삶을 살기 위해서는 다른 존재들과 좋은 관계를 유지하는 것이 가장 중요한 관건이 된다.

그런데 과학기술이 발전하고 인간 삶이 점차 편리해지면서, 많은 사람들은 합리성과 실용성을 인간 삶의 가장 중요한 덕목으로 꼽기 시작했고, 이와 더불어 세상에서는 '우리'보다 개개인의 존재가 부각되고 개성이 미덕인 흐름이 강해져만 갔다. 이제 남과 같은 것, 남과 비슷한 것은 꿈이 작은 사람 또는 허섭스레기 같은 존재라는 인식이 커져만 갔다. 이런 분위기가 개개인의 발전에는 도움이 되었는지 모르지만, 소통에 어려움을 겪는 사람은 오히려 증가했다. 개개인 서로 간에 소통하지 못하는 일이 벌어지고 만 것이다.

사람과 사람을 언제든 편하게 연결해 줄 수 있는 다양한 정보통신 장비들이 등장하고 있지만, 오히려 사람들은 더더욱 외로움을 크게 느끼면서 살아가고 있는 것처럼 보인다. 소원한 인간관계가 불러온 마음과 정신의 고통은 사람들을 더욱 힘든 수렁으로 내몰기도 한다. 인간 수명은 의학의 눈부신 발전으로 이전에 비할 수 없이 연장되었지만 오히려 스스로 목숨을 끊는 사람들이 증가하는 현실은 이런 어두운 측면을 잘 보여 주는 것이 아닐까.

최근 현대인들이 앓고 있는 가장 심각한 병 가운데 하나는 '관계'의 깨짐과 그로 인한 '소통'의 부재에서 오는 스트레스라는 조사 결과가 나온 바 있다. 관계에 대한 고민은 예로부터 인문학의 가장 커다란 주제 가운데 하나였다. 인문학의 근본 물음이 '인간'에 초점을 맞추고 있지만, 이때 인간은 그저 개인만을 의미하지 않는다. '인간이란 어떤 존재인가'라는 의문을 비롯하여 인간과 인간을 둘러싼 모든 것들 간의 관계에 물음을 던지는 학문이 인문학인 것이다. 그렇기에 인문학은 나의 존재 의미를 깨닫는 동시에 타인의 존재 의미를 이야기하고 '역지사지'의 정신을 가르쳐 공존하는 방법을 궁구한다. 만약 21세기에 이러한 정신이 회복된다면, 개개인의 행복은 물론이고 사회도 점차 더욱 긍정적인 방향으로 나아갈 수 있을 것이다. 인문학은 개인은 물론 사회, 나아가 생태계의 행복마저 담을 수 있는 모든 것들을 돕는 '행복학'이 될 것이다. 관계의 복원과 소통의 회복, 모든 것들의 행복을 돕는 첫 출발점이다.

처음으로 만나는 사회, '가족'

인간은 기본적으로 혼자서는 살 수 없는 사회적 동물이다. 다시 말해 사람과 사람은 '관계'를 맺고 있다는 말인데, 관계(關係)의 사전적 의미는 "둘 이상의 사람, 사물, 현상 따위가 서로 관련을 맺거나 관련이 있는 것"을 의미하며, "어떤 일에 참견을 하거나 주의를 기울이는 현상" 등도 포함한다. 관계란 그것이 사람이든 사물이든 독립적으로 성립하는 것이 아님을 말해 준다.

세상의 다양한 인간관계 가운데 가장 쉬우면서도 어려운 것 가운데 하나가 바로 가족 간의 인간관계다. 너무 가깝기 때문에 자칫 기본적인 예의를 잃을 수도 있고, 그러다 보면 치유와 회복의 공간인 가정, 가족이 오히려 상처의 공간이자 원인 제공자가 될 수도 있다.

최근 각광받고 있는 '가족 치료'는 심리적·정신적 문제가 개인의 차원에 머무르지 않고, 그 개인이 맺고 있는 가장 기초적 사회인 가족의 치유에서 시작됨을 알 수 있다. 가족의 치유는 가족 내의 '관계'의 회복을 의미한다고 말할 수도 있는 셈이다.

'가정'이라는 한 울타리 속에서 살아가는 각기 다른 세대들은 각자가 처한 입장에 따라 가족 내에 불평등한 관계가 존재한다고 생각할 수도 있지만, 자세히 살펴보면 예로부터 쌍방의 관계를 중시했음을 확인할 수 있다. 부모에게는 자식에 대한 사랑으로 자애(慈愛)를 강조했으며, 자식에게는 효(孝)의 실천을 강조했다. 부모와 자식에게 서로 다른 의무를 지우는 것은 가족 내의 조화로운 관계를 유지하기 위해 필요했기 때문이다. '가족'의 역사가 있게 된 이후, 가족 내에는 종적·횡적 질서가 만들어져 왔는데, 여기서는 종적인 질서를 중심으로 고민해볼 것이다.

'폐기(廢棄)', '포기(抛棄)' 등의 단어에 공통적으로 쓰이는 '기(棄)'는 오랜 역사를 가진 글자 가운데 하나다. 고대 중국의 갑골문(甲骨文) 중에 등장하는 '기(棄)'의 '버리다'라는 의미는 당시에도 동일한 뜻으로 통용되었는데, 글자를 분석하면 재미있는 현상을 발견할 수 있다.

'십자[十]' 모양 위에 커다란 네모가 얹혀 있다. 이것은 어린아이를 묘사한 '자(子)'라는 글자의 옛 형태로서, 인간의 성장 과정 가

棄 − 갑골문

운데 몸에 비해 머리가 가장 큰 시기인 갓난아기 때의 사람을 표현한 글자다. 머리를 네모나게 표현한 것이 이상하게 보일 수 있지만, 이는 당시 글자를 표현하던 방법에서 비롯된 결과였다. 동물의 뼈나 거북이 등껍질 등 딱딱한 물체 위에 송곳과 같은 뾰족한 도구로 쓰다 보니, 부드러운 원과 같은 표현이 어려웠기 때문이다.

어린아이[子]의 바로 아래쪽에는 세 면이 막혀 있고 위쪽은 뚫린 물건이 보이는데, 이는 보통 '키' 또는 물건을 담는 도구라고 해석된다. 그리고 그 물건을 양쪽으로 받치고 있는 것은 다름 아닌 사람의 손이다. 어린아이, 키, 사람의 두 손을 조합해 보면 어린아이를 도구에 담아 어떤 행동을 취한다는 의미로 해석된다. 사람들은 어린아이를 키에 담아 무엇을 하려고 했던 것일까? 그 행위는 글자의 의미에서 눈치챌 수 있다. 아이는 도구에 담겨 버려졌던 것이다. 갓 태어난 귀여운 어린아이를 버린다니. 도대체 왜?

사람, 연약한 동물

모든 생명의 탄생은 축하할 일이고 축복받을 만한 일이다. 인간의 탄생은 예나 지금이나 환영받을 일이었지만, 사람의 성장 과정은 다른 동물과 다른 데가 있다. 그 차이점은 성장 과정이 너무나 더디다는 점이다.

송아지나 강아지 등 많은 동물은 태어나 한 시간 정도면 이내 능숙하게 걷고 뛸 수 있고, 일 년 정도가 지나면 완전한 개체로서 독립이 가능하다. 그러나 사람은 같은 동물이지만 유난히 더딘 성장 과정을 거치게 된다. 스스로 걷고 말할 수 있으려면 최소한 몇 년의 시간이 필요한데, 그 몇 년의 기간에는 보호자 또는 양육자의 보호와 관심이 절대적으로 필요하다. 사정이 이렇다 보니, 갓난아이의 '양육'은 때에 따라서 필수 사항이 아니라 선택 사항이 될 수밖에 없다.

갓난아이는 보호를 받으며 양육될 수도 있지만, 버려질 가능성도 있는 존재였다. 지금의 시선으로는 이해되지 않는 이 현상은, 고대에 낯선 풍경이 아니었다. 고대에 어린아이의 탄생은 축하할 만한 일이기도 했지만, 먹을 것이 절대적으로 부족한 당시에는 아이의 양육 여부가 고려 대상이 되기도 했다. 따라서 신체적 결함이 있거나 불길한 날에 태어나거나 경제적 여건이 허락되지 않는다고 판단되면 아이는 종종 유기 대상으로 분류되어 버려지기도 했다. 스파르타에서 그랬고, 진나라에서 역시 그랬다.

갑골문에 보이는 보호한다는 의미의 '보(保)' 자의 초기 형태를 살펴보면 어른이 어린아이를 안고 있는 모습이다.

고대인들에게도 보호 대상은 많았다. 동물과 가축, 식물 등이 모두 보호 대상이었지만, 보호의 가장 우선순위는 어린아이였다. 어린아이는 철저하게 '보호' 대상이었으며, 삼 년의 시간은 어린아

이를 위해 절대적으로 필요한 시간이라고 생각했다. 어른이 안고 있는 어린아이는 '보호'라는 의미를 설명하기에 가장 적절한 아이템이었다.

과거 우리 조상들이 부모나 스승을 위해 치렀던 삼년상은 어린 시절 삼 년의 사랑에 보답하기 위해서라고 한다. "시간은 금"이라고 배운 우리에게 삼 년은 그야말로 시간 낭비일지도 모르지만, 옛사람들이 지켰던 그 전통은 일방적 헌신과 희생을 요구하는 양육과 보호를 기꺼이 선택한 양육자와 보호자에 대한 감사의 마음에서 비롯된 것이다.

옛사람들의 이야기, '효도'

고대 중국에서는 아랫사람이 윗사람을 대하는 '예(禮)'를 '효(孝)'라는 말로 정리했다. 따라서 효 또는 효도라는 것은 단순히 '부모'에게만 국한되는 특수한 것이 아니었다. 한 생명이 태어난 그 사회에서 자랄 수 있도록 도와준 윗세대, 다시 말해 모든 형태의 양육자와 보호자가 모두 효의 대상이었다. 따라서 '효'는 폭넓은 관계 맺음의 기본적인 바탕이 되었고, 잘 익히고 배워 실천해야 하는 가르침이었다.

고대 중국의 큰 스승, 성인(聖人)인 공자(孔子)도 제자들과 '효'에 관하여 많은 대화를 했다. 세상의 모든 사람들이 각기 다른 개성과 성격, 다른 인간관계를 가지고 있다는 것, 곧 인간관계의 상대성을 인정한 공자는 "효도란 무엇입니까"라는 제자들의 질문에 각기 다른 대답을 해 주었다. 각 개인이 부모님과 맺고 있는 관계는 모두 다를 수밖에 없다는 것을 전제했기 때문이다.

공자의 제자들 가운데 자유(子游)는 돈이 많기로 유명했다. 자유도 효도에 대해 질문을 했는데, 공자는 다음과 같이 대답했다.

어느 날, 자유가 '효'에 대해 묻자 공자께서 말씀하셨다. "요즘 사람들은 효도를 [물질적인 것으로] 잘 모시는 것이라고 말한다. 그렇지만 개나 소도 밥(먹이)만 주어 기를 수가 있다. 만약 부모님을 공경하지 않는다면 [부모님께 식사를 드려 모시는 것과, 개와 소에게 밥을 주어 기르는 것을] 어떻게 구별할 수 있겠는가?"

— 『논어』, 「위정」

이 대화를 통해 알 수 있는 것은, 자유가 좋은 음식과 좋은 옷을 드리는 등 물질적으로는 부모님을 잘 대접해 드렸지만 그 행동에 진심이 담겨 있지 않아서 결과적으로 부모님을 기쁘게 해 드리지 못했음을 알 수 있다.

공자의 제자 가운데 하나인 자하(子夏)는 부모님과 윗사람을 대할 때 형식적인 관계를 우선으로 생각하는 경향이 있었다. 윗사람을 섬기는 것을 '의무'로 생각하다 보니 그들에게 기쁜 마음으로 대하는 것이 어려웠다. 그런 자하에게 공자는 다음과 같이 대답했다.

자하가 '효'에 대해 묻자, 공자께서는 "표정을 [언제나] 좋게 유지하는 것이 어렵다. 힘든 일이 있으면 아랫사람이 수고로운 일을 하고, 좋은 먹을거리가 있을 때 먼저 드시게 해 드리는 것만이 효도라고 할 수 있겠는가?"라고 대답하셨다.

— 『논어』, 「위정」

공자는 자하의 노력을 인정하면서도 의무적인 표정과 태도는 오히려 섬김을 받는 부모를 불편하게 할 수 있음을 넌지시 알렸다.

적당한 칭찬과 따뜻한 비판으로 제자가 더욱 성숙한 인간으로 거듭나기를 바라는 마음을 표현했던 것이다.

공자에게는 맹의자(孟懿子)라는 제자도 있었는데, 그 제자에게 해 준 대답이 재미있다.

맹의자가 '효'에 대해 묻자 공자께서는 "어김이 없어야 한다(부모님을 섬기는 도리에서 벗어나지 않아야 한다)"고 대답하셨다.

— 『논어』, 「위정」

"부모님 말씀을 어기지 않아야 한다." 요즘 말로 한다면 부모님 말씀 잘 들으라는 의미인데, 말 좀 잘 들으라고 잔소리를 하는 요즘 부모님과 자녀의 관계를 연상시킨다. 공자의 짧은 대답에 맹의자도 뜨끔하지 않았을까.

도리에 맞게 부모님을 섬겨야 한다고 충고를 받았던 맹의자에게도 맹무백(孟武伯)이라고 하는 아들이 있었는데, 이들 부자는 모두 공자의 제자였다. 맹부백도 공자에게 동일한 질문을 던졌는데, 그의 질문에 공자는 이렇게 대답했다.

맹무백이 '효'에 대해 물었다. 공자께서는 "부모님은 오직 그 자녀가 병들까 근심하신다"고 대답하셨다.

— 『논어』, 「위정」

제자들 하나하나에게 관심을 가지고 있던 공자는 맹의자가 맹무백의 건강을 걱정하는 것을 눈치채고 있었다. 도리에 맞게 부모님을 섬겨야 한다는 충고를 받았던 맹의자였지만, 그도 역시 자식을 끔찍이 사랑하던 평범한 아버지일 뿐이었다. 몸이 약한 아들을 둔 부모의 입장에서 본다면, 아들이 공부를 잘하거나 세상에서 명예를 얻는 것보다 건강하게 사는 것이 가장 큰 바람이 아니겠는가.

이처럼 공자는 동일한 질문을 한 제자들에게 모두 다른 대답을 해 준 것으로 유명하다. 물론 정답을 요구하는 수학이나 과학을 물었더라면 답은 한 가지였을 것이다. 그러나 공자의 교실에서 이루어졌던 수업은 '정답 찾기'가 아니라 삶에서 가져야 할 태도, 살아가는 방식을 고민하는 것이 주요한 내용이었기 때문에 공자의 대답도 모두 다를 수밖에 없었다. 정말 그렇지 않은가, 제자들이 처한 입장과 처지가 모두 다르니 말이다.

우리가 사람에 대해 배운 지식, 사람들은 모두 다른 감정과 생각을 가진 독립적인 개체이고 존중받아야 하고 존중해야 한다는 가르침은 그저 '지식'일 뿐인가? 그렇지 않다. 삶을 통해 실천하라는 가르침이다.

이천여 년 전에 공자의 교실에서 있었던 문답(問答)을 통한 방식은 오늘날에도 여전히 유효한 듯 보인다. 우리는 교과서에서 요구하는 획일적인 답이 아니라, 일상생활에서 나에게 맞는 답을 찾아야 한다. 이는 사람마다 각자 처한 조건이 모두 다르고, 부모님과 선생님, 친구와 맺고 있는 관계도 모두 동일하지 않기 때문으로, 서로의 다름과 차이를 인정하고 다른 사람의 입장에 서 보는 연습을 꾸준히 하는 것은 서로의 관계 맺음을 위해 무엇보다 중요하다 할 수 있다.

만약 공자의 교실에서 수업을 받는다고 상상하고 앞에 나온 주제로 대화를 한다면, 다시 말해 내가 '효도'가 무엇인지 질문하면, 공자 선생님께서는 과연 어떤 대답을 해 주실까?

아빠의 말에 말대꾸하지 마라.

왜냐하면 나는 아빠한테 말대꾸하고 반항하기 때문이다.

형 좀 놀리지 마라.

왜냐하면 내가 [자주] 형을 놀리기 때문이다.

엄마의 일을 도와 드려라.

설거지 같은 작은 일은 내가 충분히 할 수 있는데도 하지 않으니까.

누나와 싸우지 마라.

누나와 싸우면 엄마가 싫어하시니까.

부모님께 짜증을 내지 마라.

나는 자주 부모님께 짜증을 내니까.

각자에게 어울리는 답을 찾아냈다면, 그다음 과제는 '실천하기'
이다. 인문학은 머리로만 배우는 것이 아니라 몸으로 실천하고 익히는
데 진정한 가치가 있기 때문이다.

우리는 모두 다른 사람들

고대부터 인간을 고통스럽게 하는 것은 몸을 아프게 하는 '질병'이었다. 그것은 지금도 여전히 동일하다. 그러나 육체의 질병보다 사람을 더 고통스럽게 하는 것이 있다면 마음과 정신의 고통이다. 그리고 그 고통을 일으키는 근본적인 원인 가운데 하나는 인간관계에서 오는 갈등과 문제이다. 사람들은 인간관계 속에서 벌어지는 다양한 갈등과 그로부터 빚어지는 문제로 괴로워한다.

이러한 문제가 어른만의 전유물일 것이라 생각하는 사람들도 적지 않은데, 사실 어린이와 청소년에게도 인간관계 속의 갈등과 관계는 가장 힘들고 어려운 문제 가운데 하나로 꼽힌다. 학생들에게 가장 힘들고 어려운 것을 물으면, 주저 없이 친구들과의 관계를 꼽는다. 성적이 가장 큰 고민거리일 거라는 생각은 그야말로 어른들의 편견에 불과하다.

인간관계는 왜 이렇게 어려운 것일까. 영어나 수학은 단어를 외우거나 공식을 부지런히 익혀서 점수를 올릴 수 있지만, 인간관계는 노력에 비례해서 좋아지거나 개선이 보장되지 않는다. 그렇다고 포기할 수도 없다. 사람은 결코 혼자 살 수 없으니 말이다.

모두 다른 무늬를 가진 사람들

　사람 또는 사람에 대한 것이 궁극적인 연구 대상이 되는 학문에 왜 인문학이라는 이름이 붙었을까. 문자 그대로 보면 '인문(人文)'이란 '인간의 학문'이라는 뜻도 있지만, 갑골문을 살펴보면 좀 더 깊은 의미를 발견하게 된다.

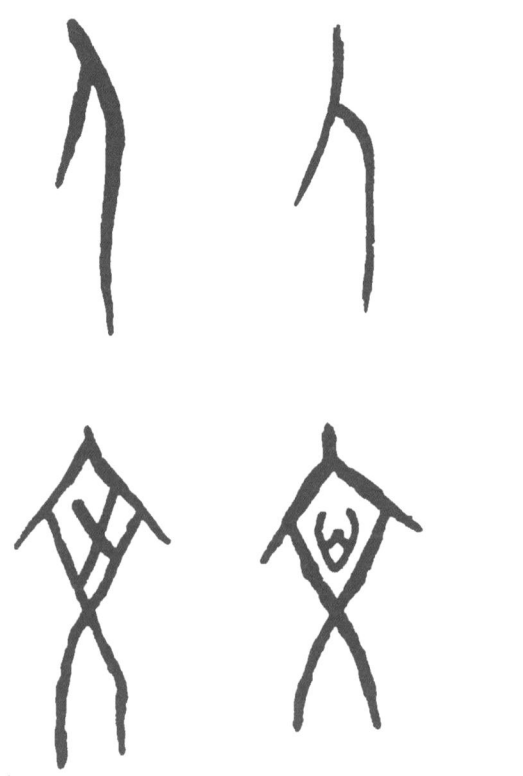

人 – 갑골문

文 – 갑골문

'인(人)'은 사람이 서 있는 옆모습을 형상화한 것으로서, 성인의 보호를 받고 자라난 아이가 하나의 개체로 자립했다는 의미를 가진 것으로 해석할 수 있다. 또한 '문(文)'은 무늬라는 의미를 함축하고 있다. 한자의 기원이라 할 수 있는 갑골문의 '문(文)' 자를 살펴보면 사람을 구별하기 위해 몸에 무늬를 넣거나 문신을 했다는 의미에서 유래했다는 것을 알 수 있다.

'문(文)' 자가 무늬로 해석될 때, 인문학은 재미있는 의미를 함축하게 된다. 인문은 '사람의 무늬'를 의미하는 것으로도 해석될 수 있기 때문이다. 모든 사람이 '무늬'를 가지고 있다는 것은 중요한 의미를 담고 있다. 그것은 공통점과 차이점이라는 상반되는 의미를 모두 포함한다.

공통점은 모든 사람이 무늬를 가지고 있다는 것이다. 호랑이에게 무늬가 있고 나무에 나이테가 있는 것처럼, 사람들도 모두 무늬를 가지고 있다. 그 무늬는 겉으로 드러난 무늬와 보이지 않는 무늬가 있는데, 사람들의 외모가 눈에 보이는 무늬라면 마음은 보이지 않는 무늬라고 할 수 있다.

비슷한 사람은 있지만 똑같은 사람은 없는 것처럼, 우리의 생각과 마음이 만들어 내는 무늬 역시 비슷할 수 있겠지만 같지는 않다. 이렇게 모든 사람은 다른 무늬를 가지고 있는데, 이러한 '다름'과 '차이'를 인정하는 것이 바로 인문학의 출발점이다.

서로의 외모가 다르다는 것은 어디서든 금세 확인할 수 있기 때문에 이를 설명하기는 쉽다. 그러나 우리의 마음과 생각이 다르다는 것은 당장 눈에 보이지 않기 때문에 설명하기가 쉽지 않다. 이때 만다라(曼荼羅, Mandala)를 실시하면 효과적이다. 본래 만다라는 산스크리트어에서 비롯되었는데, 신들이 거할 수 있는 신성한 장소이고 작은 우주(宇宙)인 인간을 의미하기도 하며, 세상의 모든 것이 우주 안에 포함되어 있다는 심대한 의미까지도 포함하고 있다. 원의 안쪽에서 규칙적으로 반복되는 문양을 채색하거나 원형 내부를 꾸미는 만다라 작업은 미술 치료에서도 사용되는 기법 가운데 하나이다.

인문학교 프로그램에서 사용하는 만다라는 자기 자신의 내면을 표현한다는 점에서 미술 치료의 의미와 유사하지만, 그것을 통해 자아를 찾아가는 데까지 나아가지는 않는다. 인문학교에서는 우리가 모두 인격을 갖춘 고유한 한 인간(공통점)이면서 고유한 개성과 성격을 가진 개체(차이점)라는 것을 표현할 수 있도록 하기 위해 그림을 그릴 수 있는 빈 원이 아닌 동일한 패턴의 만다라를 제시하고 각자 색을 입히게 했다. 그럼으로써 색으로 표현된 자기 자신이 남과 다르다는 것을 시각적으로 확인시켜 주었다. 인간 존재로서의 고유성에 대한 자각과 더불어 그것을 가능케 해 준 또 다른 나인 '너'의 소중함을 느끼도록 하는 것이다.

특히 만다라는 집중력을 발휘해야 하고 이미 도안이 되어 있는 상태에서 색을 입히면 되는 비교적 단순한 작업이기 때문에, 누구나 쉽게 할 수 있다는 장점이 있다. 같은 패턴이지만 다르게 표현된 만다라는 모든 사람들이 고유한 인격체인 동시에 모두 다른 생각과 개성을 가지고 있다는 것을 시각적으로 잘 보여 준다는 점에서 효과적이다.

다음의 만다라 그림은 인문학교 수업 시간에 학생들이 완성한 것이다. 비슷한 패턴의 만다라는 있어도, 완전히 동일한 것은 찾아볼 수 없다.

만다라 그리기를 초기에 진행하는 이유는 '관계와 소통'의 가장 중요한 전제인 '다름과 차이'를 인정하는 것을 배우기 위해서이다. 초기의 만다라 그리기는 '관계와 소통' 프로그램 전체를 관통하는 올바른 관계 맺기와 행복한 소통이라는 정신의 첫 출발점이 된다.

사람에게는 누구나 무늬가 있는데, 그 무늬는 비슷할 수는 있어도 완전히 똑같을 수는 없다. 이렇게 뻔하고 당연한 진리를 시각적으로 확인하는 작업이 바로 만다라이다. 다르게 완성된 만다라는 서로 다른 개성과 성격을 가진 아이들의 취향, 내면의 모습을 상징적으로 보여 준다. 사람들의 외모가 다른 것처럼 우리의 생각과 마음, 좋아하는 것과 싫어하는 것이 모두 다르지만, 한꺼번에 모아 놓고 보았을 때 그것들은 더욱 다채롭고 아름답다는 사실을 깨닫게 될 것이다.

초기에 진행한 만다라 작업은 후기에 진행할 다름과 차이를 넘어선 조화, 곧 '화이부동'(和而不同)의 정신을 배우는 작업으로 승

초등학생들이 완성한 만다라

화된다. 초기의 만다라가 혼자서 작업을 수행함으로써 '나'와 '너'의 다름과 차이를 깨닫게 해 준다면, 후기에 해보는 만다라 작업은 다른 나인 '너'라는 존재와 협동함으로써 스스로 조화와 배려의 미덕을 깨닫게 해 준다.

아이들은 이를 통해 이타적인 것이 이기적인 욕망을 달성하는 지름길이라는 것을 깨닫게 될 것이다.

(질문) 이런 친구가 마음에 들어요

친절하게 대해 주는 친구

마음이 착한 친구

(질문) 이런 친구는 마음에 들지 않아요

아무 잘못도 하지 않았는데,

짜증을 내고 소리를 지르고 아무 이유 없이 친구를 울리는 친구

다른 친구들과 나를 기분 나쁘게 놀리는 친구

자기 생각만 옳다고 하는 친구

화를 잘 내는 친구

언제가 가장 괴로울까? 시험 성적이 나쁜 것보다는 친구와 싸우
거나 좋은 관계를 유지하지 못했을 때가 가장 괴롭다. 생각해 보면
친절하거나 성격이 좋은 친구를 좋아하지, 공부를 잘하거나 아는 게
많다고 해서 그 친구를 좋아하는 건 아니다.

'관계'에서 중요한 것은 점수나 자격증 등으로 증명될 수 있는 개인의 기술적 능력이 아니라, 다른 사람과 잘 어울리고 소통할 수 있는 능력이다. 남과 어울릴 수 있다는 것은 '나'와는 다른 '너'를 인정하는 데서 시작된다. 모두 동일한 패턴의 백지를 받아 시작했지만, 같은 색깔로 완성된 만다라 작품이 하나도 없는 것처럼 나와 너는 분명 다른 사람이다. 나쁘거나 틀린 사람이 아니라, 그저 다른 사람일 뿐이다.

　내가 누군가를 인정하지 않는다면, 다른 누군가도 나를 인정하지 않는다. 사람은 관계망 속에서 존재하며, 그 관계망은 기본적으로 호혜성의 원칙에 따라 형성되기 때문이다. 타인을 인정하는 것, 그것은 진정한 관계를 맺기 위한 기본자세이자 출발점이다. 내가 나일 수 있는 것은 너라는 존재가 있기에 가능하기 때문이다.

편견과 차별, 왕따

"그런 편견을 버려!" 한때 유행했던 이 말은, 단순히 유행어로 받아들여 웃고 넘기기에 너무 큰 무게감을 가지고 있다. 편견(偏見)의 사전적 의미는 "공정하지 못하고 한쪽으로 치우친 생각"이다. 편애(偏愛), 편식(偏食)과 마찬가지로 한쪽으로 심하게 치우쳤다는 의미를 내포하고 있다.

누구나 가지고 있는 것이면서 '가치관'이나 '관점' 등의 용어로 미화되어 사용되는 것 가운데 하나가 바로 편견이다. 편견은 보통 비합리적인 신념이나 믿음과도 연관되기 때문에, 사람들은 '편견'을 보통 공정하지 않은, 좋지 않은 것으로 생각하는데, 편견은 의외로 삶의 곳곳에서 발견된다.

그런데 혹 나도 알지 못하는 사이 내 머릿속에 편견으로 자리 잡은 것은 없을까. 우리에게는 어떤 편견이 있을까.

우선 직접 경험하거나 확인한 사실이 아님에도 불구하고, 반복해서 들은 이야기를 통해 만들어지는 편견을 생각해 볼 수 있다. 정보의 홍수로 넘쳐 나는 디지털 시대를 살아가는 호모 디지쿠스들이 범하기 쉬운 편견 가운데 하나다.

두 번째로는 외모와 관련된 편견이다. 편견을 가지게 하는 외모에는 운동이나 식이요법, 헤어스타일이나 옷차림 등 문화적 차이나 개인의 취향에서 비롯된 것이 있는가 하면, 피부색이나 눈동자 색처럼 후천적 노력으로 변화 불가능한 생래적(生來的) 요소도 포함된다.

'지구촌'이라는 단어가 등장한 이후 사람들은 '우리는 하나'를 외치면서 자유롭고 평등한 세상을 이야기했지만, '하나 되기'는 말처럼 쉬운 일은 아니었던 것 같다. 여전히 많은 사람들은 인종문제로 갈등하고, 문화적 차이를 인정하지 않고 문명과 야만을 따지고 있으니 말이다. 버락 오바마가 미국 대통령에 당선되었다는 소식이 미국뿐만 아니라 전 세계를 떠들썩하게 했던 사실은 우리가 가진 편견이 생각보다 뿌리가 깊다는 것을 말해 준다.

"들어가도 될까요?"

그림자 애니메이션이라는 독특한 장르로 유명한 프랑스의 영화 감독 미셸 오슬로(Michel Ocelot)가 제작한 〈프린스 앤 프린세스〉(Princes et princesses, 1999)는 옴니버스 영화이다. 중세의 마녀, 이집트의 파라오, 마법에 걸린 공주 등 이들의 공통점이라고 한다면 화려한 영상이 덧입혀진 고전적인 이야기라는 점이다. 그래서 그런지 이 영화는 새로우면서도 친숙하게 느껴지는 장점이 있다.

이 가운데서도 '마녀의 성'은 우리에게 여러 가지 생각할 거리를 준다. '마녀의 성'은 "흉악한 마녀는 무찔러야 한다. 마녀의 성에 들어간 자에게는 공주와 결혼할 자격이 주어진다."는 신하의 우렁찬 선포로 시작한다. 일확천금을 꿈꾸는 많은 사람들 사이에 섞여 있던 한 가난한 청년이 "나도 마녀의 성에 들어가 공주와 결혼하겠어."라고 말하자 사람들은 그를 비웃는다. 그 후 공주와의 결혼을 조건으로 내건 '마녀의 성에 들어가기'에 도전하는 왕자들이 속속 도착했다.

왕자들은 쇠말뚝과 포탄, 화약, 불화살, 사다리 등으로 공격했지만, 신기한 무기들이 곳곳에 숨어 있으며 심지어 움직이기까지 하는 마녀의 성은 어떻게 해도 열리지 않았고 무너지지도 않았다. 줄지어 오던 왕자들의 행렬도 더 이상 보이지 않았다.

이때 사람들의 조롱거리였고 가진 것이라고는 작은 칼이 전부인 가난한 청년은 방법을 알았다며 마녀의 성을 향해 발걸음을 옮겼다. 구경거리가 없어졌던 사람들에게 가난한 청년의 행동은 큰 볼거리를 제공해 주었다. "네가 가겠다고? 그래, 어디 한번 해 보시지." 사람들의 비아냥거림과 비웃음이 청년을 뒤따랐지만, 청년은 아랑곳하지 않고 들판을 가로질러 마녀의 성 앞까지 걸어갔다.

똑! 똑! 똑!
들어가도 될까요?

그러자 마술처럼 성문이 열렸다. 성문이 열린 뒤, 마녀가 말한다.

이 성에 들어오기 위해 제게 허락을 구한 사람은 당신이 처음이에
요.

사람들의 입이 '떡' 벌어진다. 그 어느 누구도 예상하지 못한 일
이었기 때문이다. 비록 왕자는 아니었지만, 마녀의 성에 들어간 사
람에게 공주와 결혼할 자격을 주겠다는 약속을 지키기 위해 왕의
근엄한 호위대가 도착했다. 드디어 팡파르가 울리고 청년을 데리
러 왔다는 우렁찬 소리가 들려왔지만, 청년은 마녀와 함께 성에 남
겠다고 큰 소리로 대답한다. 한 번 벌어진 사람들의 입은 다물어
질 줄 모른다.

이러한 결말은 많은 것을 시사해 준다. 우선 반전의 미학이라고
할 만하다. 이른바 헤드 페이크(Head-fake) 같은 상황이 벌어진 것
이다. 성문을 열기 위한 뭔가 대단한 방법을 생각했던 학생들은 그
야말로 간단하고 지극히 평범한 말 한마디에 성문이 열리자 어이
없어 하기도 하지만, 상대방에 대한 배려와 존중에서 우러난 평범
한 말 한마디가 마녀로 인식되는 사람의 마음마저도 감동시키고
해피엔드의 이유가 되었다는 사실을 깨달으면서, 편견과 그에 기초
한 차별이 일상의 소소한 실천에 의해 해결될 수 있다는 것에 고
개를 끄덕인다. 작은 실천, 곧 상대방에 대한 배려와 존중이 심각
한 문제인 따돌림이나 왕따의 해결책이 될 수 있음을 이 짧은 영화
와 "들어가도 될까요?"라는 짧은 말 한마디를 통해 배우게 된다.

마녀는 어떻게 마녀가 되었을까

영화로 다시 돌아가 보자. 10여 분의 짧은 영화에는 '흉악한' 마녀의 성을 공격해야 한다는 선전포고와 더불어 왕자들의 공격이 흥미진진하게 묘사되어 있다. 그런데 마녀가 도대체 왜 마녀인지에 대해서는 아무런 설명이 없다.

영화감독은 요새와 같은 성 내부 곳곳을 보여 주는 것으로 마녀에 대해 말해 준다. 마녀의 성 내부에는 어울릴 것 같지 않은 도서관과 작업실이 있다. 도서관에는 세계 각지에서 모은 책과 글자들이 있고 작업실은 마녀의 발명품으로 가득하다. 또한 성 안에는 반짝이는 호수와 식물을 키우는 정원이 있는데, 마녀는 손수 기른 야채로 수프를 만들어 즐겨 먹는다. 손님이 오실지 몰라 머리 손질을 하지 않았다며 부끄러워하는 마녀의 모습에서는 인간적인 아름다움마저 느껴진다. 이처럼 '의외'라고 할 수 있는 마녀의 모습은, 우리가 '마녀' 또는 '왕따'로 규정하고 언제나 삐딱한 시선으로, 편견을 가지고 바라보는 대상인지도 모른다.

공주와 결혼하기 위해 마녀의 성에 들어갔던 청년은 공주와 결혼할 수 있는 기회를 마다하고, 마녀와 함께 성에 남겠다고 선언한다. 사람들의 편견과 달리 마녀가 선량하고 따뜻한 마음도 가졌으며 호기심도 많은 매력적인 사람이라는 것에 청년도 반했기 때문이다.

청년이 반한 마녀는 도대체 왜 마녀가 되었을까. 이유는 간단하다. 그녀가 마녀일 거라는 근거 없는 소문이 유포되고, 이에 대한 비판도 없이 너도 나도 마녀라고 부르면서 자연스럽게 마녀가 된 것이다. '마녀'로 부르는 순간 마녀가 되고, '왕따'로 부르는 순간 왕따가 된다. 이런 논리대로라면 누구든 마녀가 될 수 있다는 결론에 도달하게 된다. 그 누구도 예외가 되지 않는다. 최근 수많은 연예인들이 자살하는 이유도 혹 근거 없는 일종의 마녀사냥은 아니었을까.

중세의 마녀와 21세기의 왕따

'마녀'라는 말은 우리에게 묘한 여운을 남긴다. 흔히 마녀는 검은 외투를 입고, 밤에 활보하며 무시무시한 마법을 걸어 사람들을 괴롭히는 존재로 우리 머릿속에 각인되어 있다. 중세 서양에서는 수십만 명, 많게는 백만 명의 여성이 마녀로 지목되어 죽음으로 내몰린 일이 있었다. 수세기 동안 '마녀사냥'이라는 이름으로 진행된 역사의 한 장면은 우리에게 많은 것을 말해 준다.

지금의 관점으로 보았을 때, 당시 마녀임을 입증하는 증거에는 황당한 이유들이 포함되어 있었다. 악마가 남긴 표시가 몸에서 발견되면 이것이 마녀라는 증거로 채택되었는데, 그 표시에는 사마

귀나 기미, 주근깨 등이 포함되어 있었다. 지금은 매력의 상징이기도 한 주근깨가 몇 세기에 걸쳐 '악마의 표시'로 이용되어 사람들을 죽음으로 내몰았던 것이다. 특히 매부리코 등 외모가 남다른 여자들은 마녀로 지목될 가능성이 더욱 높았다. 때로 사람들은 자기가 싫어하는 사람에게 거짓 증거를 씌워 마녀로 몰기도 했다. 조금 다른 외모나 개성 때문에 불이익을 당했던 사람들, 오늘날의 시선으로 보면 한국 사회에 만연한 '왕따'는 서양 중세 마녀의 또다른 버전이라고 할 수 있다.

마녀에게 씌워지는 죄목도 지금으로서는 이해할 수 없는 것들이 많았다. '우박을 불러온 죄', '농작물을 망친 죄' 등 어쩔 수 없는 기후 조건이 만들어 낸 많은 불행들은 모두 마녀의 소행으로 간주되었고, 그들은 화형이라는 끔찍한 죽음으로 내몰렸다.

무지가 불러온 끔찍한 불행이라고밖에 설명할 수 없는 이 사건은 서양 중세 시기에 국한될까? 가만히 들여다보면, 황당하다고밖에 말할 수 없는 마녀 식별의 근거들은 21세기에도 그대로 복제되고 있다. 실제로 많은 초·중·고등학교 학생, 심지어 성인들도 옷차림이 특이하거나 취향이 독특하다는 이유로, 다시 말해 '나'와 다르다는 이유로 왕따로 지목하고 폭력을 가하고 있다.

마녀사냥과는 다르다고 생각할 수 있겠지만, 왕따로 지목되어 친구들과 정상적인 관계를 맺지 못하게 하는 것은 엄연히 '사회적 생명'을 끊어 버리는 것이다. 생물학적 생명을 박탈하는 것과 사회적 생명을 박탈하는 것, 이를 완전히 다르다고 말할 수 있을까. 사회적 생명을 박탈하는 것은 어쩌면 죽음보다 더 무거운 형벌일지 모른다. 고대 그리스의 오스트라시즘(ostracism, 도편추방제)이 가장 무서운 형벌이었던 이유가 바로 여기에 있다. 공동체와 내가 일체화된 사회였던 그리스의 도시국가에서 추방당하는 것은 나의 정체성을 잃는 것, 곧 죽음이었기에, 그 어떠한 물리적 폭력보다도 무섭고 피하고만 싶었던 형벌이 바로 도편추방이었던 것을 기억하자.

개성을 가져야 한다고 부단히 교육받지만, '나와는 다른 사람'에게는 폭력을 가하는 아이들. 왜 그럴까. 지식과 실천이 괴리된 현상에 이미 무감각해진 반응의 표출은 아닐까.

(질문) "나는 원래 마녀가 이런 사람이라고 생각했는데, 〈프린스 앤 프린세스〉 영화를 보니 마녀는 내 생각과 달랐어요. 편견은 이런 거라고 생각해요."

이상한 웃음소리를 내는 사람일 거라고 생각했는데 착한 사람이었다. 편견은 나쁜 것이다. 왕따를 만들어 내기 때문에.

편견은 왕따를 만들어 낸다. 왕따가 (되는 것은) 억울하고 기분 나쁜 일이다.

어떤 사람이 나쁜 줄 알고 나쁘게만 생각했는데, 실제로 알고 보니 착하거나 좋은 사람일 수도 있기 때문에 사람은 겉으로만 보고 판단하면 안 된다는 게 편견에 대한 내 생각이다.

내 머릿속의 마녀는 잔인하고 나쁜 사람이지만, 영화 속의 마녀는 착하다. 내가 생각하는 편견은 내가 다른 사람을 내 마음대로 판단하는 것이고, 공정하지 못한 생각이다.

(질문) 가장 공감되지 않았던 인물은? 만약 내가 그 입장이었다면 나는 어떻게 행동했을까요?

걸모습만 보고 판단하여 마녀의 성을 부수려고 했던 사람들이 어리석게 보인다. 마녀의 진정한 모습을 보고 사라한다면 늦게라도 깨닫는 게 많을 것이다.

나무 밑에서 왕자들을 보며 떠드는 사람들이 마음에 들지 않았다. 가난한 청년을 보며 비웃는 그들의 모습은 공정적이지 못했다.

겉만 보고 청년을 조롱하는 사람들이 마음에 들지 않았다. 만약 내가 그 상황이었다면 청년을 응원해 주고 성에 들어갈 수 있는 방법을 함께 고민했을 것이다.

성에 들어가면 된다고 했는데도, 성을 부수려고 했던 왕자들이 마음에 들지 않는다. 마녀가 (외롭게) 혼자 지내는데도 마녀를 죽이려고 했기 때문이다. 만약 내가 그 상황이라면 청년처럼 정중하게 인사하고 들어가겠다.

겉만 보고 마녀를 판단한 사람들, 겉만 보고 청년을 판단한 사람들의 행동에 가해지는 비판이 만만치 않다. 사실 겉만 보고 판단하는 오류는 누구나 범할 수 있는 실수 가운데 하나이지만, 영화를 통해서 확인할 수 있는 것처럼 그 실수는 '실수'라고 하기에 상대방에게 너무 큰 상처를 남긴다.

　　한쪽만 보고 판단한다는 의미의 편견(偏見), 짧은 영화에서 본 것처럼 편견이 줄 수 있는 것은 오해와 상처뿐이다. 어렵기는 하지만 두루 보는 연습이 꼭 필요하다. 나를 위해서도, 또 상대방을 위해서도.

편견과 차별, 피부색

그간 한민족 또는 단일민족임을 자부했던 우리에게도 변화가 생겼다. 노동과 결혼 등의 이유로 이주한 외국인들이 몇 년 새 부쩍 늘어난 것이다. 특히 텅 비어 있던 농·산·어촌에는 외국인 결혼 이민자와 2세들이 빈자리를 메워 가고 있다. 소위 '다문화' 가족이 그들이다.

이들이 우리 사회의 일원이 되어 정착하는 속도에 비해, '외국인 신부'나 '외국인 노동자'에 대한 우리의 시선은 그리 너그럽지만은 않다. 특히 이들에 대한 곱지 않은 시선이 직접 대면보다는 '이미지'의 반영이라는 점에서 문제가 발견된다. "시선의 문제는 일부 특수한 지역에만 국한된 현상이 아니고, 한국 사회에 전반적으로 작동하고 있는 문화적 현상 가운데 하나일 수 있기 때문이다." 오래전부터 다문화 사회로의 진입을 두고 진지한 고민을 해 온 한 인류학자의 말은 귀담아들을 필요가 있다.

생김새에 대한 의혹을 풀어내지 않는 한, 한국인의 눈초리는 다변화된 다문화 가정 자녀들을 향하여 끊임없이 꽂힐 것이고, 언젠가는 그 반대급부를 받게 될 것입니다. 왜냐하면 인간관계란 기본적으로 호혜성에 기반을 두기 때문이지요. 반대급부는 눈초리의 강도에 비례할 것이고, 반드시 되갚아야 할 계기가 다가옵니다. 시간의 문제일 뿐입니다."

— 전경수, 「차별의 사회화와 시선의 정치과정론: 다문화가정 자녀에 관한 예비적 연구」, 『한국문화인류학』(41-1), 2008, 39쪽.

다문화 가족에게 쏟아지는 차별의 시선은 그들을 직접 대면한 경우가 아니더라도 동일하게 만들어지는데, 이는 대부분 기존의 이미지와 편견에서 비롯되었다. 이러한 편견이 부당하다고 할 수 있는 근거는 '피부색'에 관련된 문제, 즉 인종에 대한 문제는 근본적으로 변화시키거나 바꿀 수 없다는 점에 있다. 국적은 바꿀 수 있어도 인종은 바꿀 수 없지 않은가.

문제는 우리가 선택할 수 없는 것들인 피부색이나 눈동자 색과 같은 '생래적인 것'들에 대한 편견은 곧 차별로 이어지고, 이것이 더 큰 문제를 야기한다는 데 있다. 어떤 노력으로도 바꿀 수 없는 부분들에 대한 편견, 그로부터 비롯된 차별이 크고 작은 문제점들을 낳았다는 것은 역사적 사례에서 충분히 확인할 수 있다.

가장 쉽게 접근할 수 있는 예가 바로 마틴 루서 킹(Martin Luther King. Jr, 1929~68)과 버락 오바마(Barack Hussein Obama, 1961~)이다.

마틴 루서 킹의 이야기

마틴 루서 킹은 널리 알려진 대로 선택권이 없는 '인종'의 문제로 차별받는 것에 항거한 인권 운동가이다. 수많은 죽음의 고비, 자택 폭파, 협박과 테러가 이어지다가 끝내 암살되었지만, 그는 그런 위협에도 자신이 선택한 삶을 포기하지 않았다. 다시 태어났다 하더라도 그는 같은 삶을 선택했을지도 모른다.

마틴 루서 킹은 1929년 미국 조지아 주에서 침례교 목사의 아들로 태어났다. 차별적 인종 정책이 시행되고 있었지만 비교적 부유한 가정에서 성장한 킹 목사는 심한 차별을 실감하지는 못하며 어린 시절을 보냈다.

그의 인생을 송두리째 바꾸어 놓은 것은 1955년 몽고메리에 살던 한 흑인 할머니에게 일어난 우연한 사건이었다. 로자 팍스라는 흑인 여성이 버스에서 백인 남성에게 자리를 양보하고 뒤로 가서 가라는 버스 운전기사의 말을 거부하다 백인 남성들에게 뭇매를 맞은 사건이 발생했다. 당시 스물일곱의 젊은 나이였던 킹 목사는 이 사건을 전해 듣고 버스 이용을 거부하는 운동을 전개하며 시민들의 참여를 독려하여 성공적인 결과를 이끌어 냈다. 피부색이 다르다는 이유로 차별을 감내해야 했던 흑인들은 킹 목사의 운동에 적극 동조했고, 이는 새로운 시대의 도래를 알리는 출발점이되었다.

킹 목사의 성공은 곧 위기이기도 했다. 백인이라는 이유만으로 기득권을 누렸던 인종우월주의자들이 자택을 폭파하는 등 생명을 위협하는 협박과 테러를 일삼았고 그에 대한 공개적인 비난과 협박은 일상사가 되었다. 그러나 그는 어떤 폭력에도 굴하지 않고, 자신의 신념대로 비폭력으로 저항했다.

연설하는 마틴 루서 킹 목사

비폭력 저항운동을 펼쳤던 킹 목사는 1963년 스스로 체포되어 독방에 구금되었다. 같은 해 링컨 기념관 앞에서 했던 연설 〈나에게는 꿈이 있습니다〉는 존 F. 케네디 대통령의 취임 연설문과 함께 20세기 미국을 대표하는 명연설로 손꼽힌다.

킹 목사의 연설문에는 그가 왜 그런 고난의 길을 걸었는지에 대한 이유가 분명하게 드러난다. 그 이유는 단지 흑인이라는 것 때문에 쉬고 싶은 곳에서 쉴 수도 없고, 존엄성을 박탈당해야 한다는 것에 대한 분노이자 저항이다.

우리는 고속도로에 있는 모텔이나 도시에 있는 호텔에서 여행의 피로로 무거워진 우리의 몸을 쉬게 할 만한 숙소를 얻을 수 없는 한 결코 만족할 수 없습니다. 우리는 흑인의 기본적인 '이동할 수 있는 권리'가, 결국은 좁은 빈민가에서 좀 더 넓은 빈민가로 이동할 수 있는 것에 불과하다면 결코 만족하지 못할 것입니다. 우리는 우리의 아이들이 '백인 전용'이라고 적힌 간판을 보고 그들의 자아가 짓밟히고 존엄성이 박탈당하는 한 결코 만족할 수 없습니다.

(중략)

나에게는 꿈이 있습니다, 언젠가는, 조지아 주의 붉은 언덕 위에서 노예들의 후손들과 노예 소유주들의 후손들이 형제애의 식탁에서 함께 자리할 수 있을 것이라는 꿈이 있습니다.

(중략)

나에게는 꿈이 있습니다, 언젠가는, 나의 네 아이들이
그들의 피부 색깔로 판단되지 않고 그들의 개별성으로 판단되는
그런 나라에서 살게 될 것이라는 꿈이 있습니다.

— 마틴 루서 킹의 〈나에게는 꿈이 있습니다〉 중에서

당시 흑인들에게는 더 나은 직업이나 더 좋은 집이 아니라, 피부색에 상관없이 '사람대접'을 받는 것이 유일한 소망이었다. 흑인들은 저급하며 인격도 갖추지 못했을 것이라는 잘못된 생각은 오랜 시간 역사를 지배해 왔다. 흑인들의 투쟁과 헌신, 노력을 거쳐 흑인에 대한 인식과 인권이 개선되기는 했지만, 편견과 차별은 여전히 존재하고 있다.

이러한 차별이 정당하지 않은 것은 피부색이라는 것이 우리의 선택 범위를 넘어선, 그저 생래적인 형질에 불과하기 때문이다. 개인이 선택할 수 있는 여지가 없는 속성들이 차별의 근거가 된다는 것은 불공평하고 비합리적이며 부당하다. 그것은 인간의 어떤 노력으로도 고칠 수 없기 때문이다.

자기 자신의 이익을 바라지 않고 흑인들의 '사람다운 삶'을 위해 노력했던 킹 목사는 1964년 노벨 평화상을 수상하며, 세계적으로 이름을 알렸다. 그러나 흑인 인권 운동가의 노벨 평화상 수상은 인종 우월주의자들을 더욱 자극하는 계기가 되었고, 결국 킹 목사는 노벨 평화상 수상 4년 뒤에 암살당하고 만다. 그는 이미 세상에 없지만, 사람이라면 누구나 피부색에 상관없이 동등한 권리를 누려야 한다는 그의 신념은 지금까지도 살아 있다. 정확하게 40년 뒤, 백악관에 나란히 설 수 있었던 네 명의 흑인 가족도 그의 신념과 희생을 잊지 않고 있을 것이다.

버락 오바마 이야기

지난 2008년 전 세계를 깜짝 놀라게 할 만한 사건이 있었다. 버락 오바마가 제44대 미국 대통령으로 당선되었다는 소식이다. 한 해에도 세계 곳곳에서 새로운 대통령이 당선되기 때문에, 대통령 당선은 큰 뉴스거리가 아닐 수도 있겠지만 그의 당선은 전 세계인들에게 초미의 관심사가 되었다. 그는 미국 최초의 아프리카계 출신 흑인 대통령이기 때문이다.

단지 흑인으로 태어났다는 이유만으로 인간다운 대접을 받지 못하는 것에 항거하여 투쟁을 벌였던 마틴 루서 킹도 40년 뒤에 이런 변화가 있으리라고는 상상도 못했을 것이다. 오바마는 단지 흑인 대통령이라는 이유로 이전의 대통령과는 비교도 할 수 없을 만큼 유명 인사가 되었다.

오바마는 대통령 당선 연설에서 한 여인의 이야기를 통해 인종 차별의 오래된 역사에 대해 언급했다. 106년이라는 시간, 흑인으로서 영욕의 세월을 견뎌야 했던 앤 닉슨 쿠퍼는 피부색이 달라도 투표할 수 있고 더 나아가 대통령도 될 수 있다는 사실에 터치스크린을 두드려 자신의 한 표를 던졌다.

이번 선거에서는 후세에게 전해 줄 수많은 첫 번째 이야기들이 탄생했습니다. 그러나 오늘 밤 내 마음속에 떠오르는 한 가지는 애틀랜타에서 투표한 여성에 관한 것입니다. 그녀는 이번 선거에서 자기의 목소리를 내기 위해 길게 줄을 선 수백만의 사람들과 다른 점이 없는 여인입니다. 단 하나, 앤 닉슨 쿠퍼가 106세란 사실을 제외하고 말이죠.

그녀는 노예제도를 시행한 바로 다음 세대에 태어났습니다. 그때는 길에 자동차도 없고 하늘에 비행기도 없던 시절이었습니다. 그 시절 어떤 사람들은 그녀처럼 두 가지 이유로 투표를 할 수 없었습니다. 여자여서 그리고 피부색[이 다르기] 때문에.

(중략)

『타임』지에서 2008 '올해의 인물'로 선정된 오바마 대통령

　그리고 바로 올해, 이번 선거에서 그녀는 손가락으로 스크린을 두드리며 한 표를 던졌습니다. 왜냐하면 그녀는 미국에서 106년이 지난 지금, 절정의 시기와 가장 어두운 시간을 거쳐 미국이 어떻게 하면 변할 수 있는지 알기 때문입니다. 예, 우리는 할 수 있습니다.

― 버락 오바마의 대통령 당선 연설문 중에서

40년 전 마틴 루서 킹이 꾸었던 꿈, 노예 소유주와 노예의 후손들이 한 상에 둘러앉아 밥을 먹기를 바란다는 그의 소박한 꿈은 드디어 현실이 되었다. 물론 완벽한 평등은 실현되지 않았다. 그러나 많은 사람들은 '완벽한 평등'이라는 더욱 현실적인 꿈을 꿀 수 있게 되었으며, 지금도 그 꿈은 계속되고 있다.

차별하는 것 vs 차별당하는 것

〈프린스 앤 프린세스〉의 감독인 미셸 오슬로는 2006년 새로운 장르의 애니메이션을 발표했다. 영화 제목인 〈아주르와 아스마르〉(Azur et Asmar, 2006)는 주인공인 두 소년의 이름이기도 하다. 아주르라는 소년은 금발머리에 파란 눈을 가진 소년이고, 아스마르는 검은 피부에 검은 머리카락을 가진 소년이다.

검은 피부에 검은 머리카락을 가졌기 때문에 좋은 직업도 가질 수 없었던 아스마르의 어머니 제난은 아주르의 유모가 되었다. 제난은 두 아이에게 자장가를 불러 주고 이야기를 들려주며 정성껏 길렀고, 두 소년은 형제처럼 성장했다. 그러나 소년이 된 아주르가 공부를 하기 위해 도시로 떠나자 제난 모자는 할 일을 잃고 쫓겨나고 말았다.

호기심이 많았던 아주르는 청년이 되자 모험을 떠나겠다고 선언하고 실행에 옮겼다. 재난의 이야기를 들으며 꿈을 키웠던 아주르는 미지의 세계로 떠나는 배에 몸을 실었지만, 배는 난파되고 아주르는 결국 이름 모를 낯선 섬에 떨어지게 되었다. 간신히 정신을 차리고 몸을 추스른 아주르는 사람들의 목소리가 들려오자 "이제 살았다"며 안도하지만, 곧 예상치 못했던 난관에 봉착한다.

그곳 사람들이 아주르의 파란 눈을 저주받은 눈이라며 그를 피하고 때리며 저주하기에 이르렀다. 그가 자랑스러워하던 푸른 눈은 감추어야 할 대상이 되어 버렸고, 그는 눈을 감은 채 구걸하며 생활할 수밖에 없었다. 그렇게 눈을 감고 낯선 땅을 떠돌던 아주르는 다시 아프리카로 돌아와 갑부가 된 제난을 우연히 만나게 되고, 그녀의 도움으로 다시 만난 아스마르와 요정 진을 찾아가는 여행을 떠나게 된다. 그들의 여행에 우여곡절은 많았지만, 결국 그들은 요정 진을 만나고 모두 행복을 찾게 되는 해피엔드로 마무리된다.

검은 피부색과 가난 때문에 차별받았던 아스마르, 푸른 눈 때문에 저주의 대상이 되었던 아주르. 그들의 눈동자 색이나 피부색은 그들의 잘못이 아니다. 서로에 대해 편견을 가질 수밖에 없었던 것은, 그들이 받은 교육과 자신도 모르게 스며든 문화적 편견에서 비롯된 것이다.

미셸 오슬로 감독은 사람들이 서로 다른 입장에 서 있는 것, 서로를 미워하는 것은 그들이 받은 교육 때문이라고 말한다. 아무것도 모르는 어린아이 시절의 그들이 형제처럼 지냈던 모습을 행복하게 묘사한 것, 푸른 눈동자를 저주받았다고 생각하는 하인들은 집에서 모두 떠나라는 위풍당당한 제난의 모습을 표현하면서 사람들의 마음 깊숙이 자리 잡은 편견과 미신들을 들추어 낸다. 아울러 문화적 편견과 미신을 깨뜨리면서 장애물을 극복해 가는 두 주인공의 여정은 감독의 의도를 선명하게 보여 준다.

어린아이들은 그들의 인지가 발달하기 시작하면서, 기성세대인 성인들에 의해 이루어지는 학습을 통해 다양한 지식뿐만 아니라 문화적 성향까지 흡수하게 된다. 교육을 통해 아이들은 특수성이 담보된 문화를 보편적인 것으로 체득하게 되고, 그 문화에 어울리는 성인으로 성장하게 된다. 다른 문화에 대해 가지는 편견과 사고는 이러한 사회화 과정을 통해 더욱 견고해진다.

청년이 된 두 소년이 서로 도우며 험난한 여정을 끝내고 결국 요정을 찾아 자신들의 꿈을 이룬다는 영화의 결론은 흑인과 백인, 유럽과 이슬람으로 대표되는 이질적인 두 문화와 생각이 공존할 수 있고 화해할 수 있다는 메시지이다. 어디 이슬람과 유럽 문화뿐이겠는가. 세계에는 수없이 '다른' 문화가 존재한다. 이들은 배척의 대상이 아니라, 존중과 이해의 대상일 뿐이다.

나와는 다르기 때문에

외모를 근거로 한 편견은 의외로 적지 않다. 남과는 다른 옷, 다른 취미를 가졌기 때문이 아니라 바꿀 수 없는 신체적 문제로 따가운 눈초리와 불편을 감내해야 하는 사람들이 적지 않다.

다음 사진은 2009년 '유니세프가 선정한 올해의 사진' 수상작으로서, 각각 시각 장애와 알비노증을 앓고 있는 열 살의 동갑내기 장애 소녀 므와나이드(왼쪽)와 셀리나(오른쪽)가 교실에서 천진난만하게 노는 모습을 촬영한 것이다.

요한 바브만은 아프리카 탄자니아에 있는 시각 장애인을 위한 학교에서 두 소녀의 모습을 촬영했다. 평범해 보이는 이 사진은 사회적 약자에 대한 편견과 차별을 잘 부각시키고 있다는 평가를 받으며 '올해의 사진'에 선정될 수 있었다. 실제로 작가인 요한 바브만은 사회적 약자인 이들을 새롭게 조명하고 싶었다고 소감을 밝힌 바 있다.

사진의 오른쪽에 보이는 셀리나는 시각 장애인이 아니지만, 희귀병인 알비노증을 앓고 있기 때문에 일반인들과 격리되어 시각 장애인들과 함께 수업을 받고 있다. 알비노증이 도대체 어떤 병이길래 격리가 필요한 것일까.

라틴어로 '하얗다'라는 뜻의 알부스(albus)에서 유래된 알비노증(albinism)은 백색증이라고도 하는데, 눈·피부·모발 등에 노랑·빨

요한 바브만(Johan Bavman, 스웨덴)의 〈알비노–태양의 그림자〉

강·갈색·검정 등의 색소가 없는 희귀한 질병이다. 사람뿐만 아니라 동물들도 걸릴 수 있는 있는데, 알비노증이 있는 동물들은 햇빛을 가리는 색소가 부족하고 보호색도 없으므로 자연에서 잘 살아남지 못한다고 알려져 있다.

사람에게 나타나는 알비노증은 피부·모발·눈에 존재하는 어두운 갈색 색소인 멜라닌의 결여로 생기게 되는데, 전신 알비노증에서는 유백색(乳白色)의 피부와 머리카락이 나타나고, 눈의 홍채는 분홍색을 띠게 된다. 선천적으로 색소가 없어 가지게 된 특이한 외모는 예로부터 불길한 징조로 받아들여지곤 했다.

태양으로부터 몸을 보호할 멜라닌 색소가 없기 때문에 아프리카 탄자니아의 뜨거운 기후에서 살아가는 것 자체가 알비노 환자들을 고통스럽게 한다. 그들을 더욱 고통스럽게 하는 것은, 그들의 특이한 외모에 대한 편견과 미신이다. 탄자니아에서는 알비노증을 앓는 어린이들을 '악마의 아이'라고 부르며 터부시하고 있다. 그런데 탄자니아에서는 이들의 신체 일부로 약을 만들어 사용하면 부적의 효과가 있다는 미신이 광범위하게 퍼져 있어, 이들의 신체를 훼손하거나 살해하는 일이 종종 일어나고 있다. 알비노 환자들은 편견과 미신에서 비롯된 이중고를 고스란히 떠안고 있다. 지난 2008년 한 해 동안에만도 무려 25명의 알비노 환자들이 살해당했다고 보고된 바 있다.

사진 속 학교는 원래 시각 장애 어린이들을 위해 지어졌지만, 현재는 백여 명의 알비노 환자 어린이 보호소로도 사용되고 있다. 선천적으로 희귀한 질병을 앓고 있는 것만도 슬픈 일인데, 특이한 외모 때문에 살해의 위협에 노출되어 살아가고 있는 것이다. 현재 는 알비노 환자 어린이들을 보호하기 위해 학교 둘레에 높은 담장 이 쳐져 있고, 경찰이 무장한 상태로 학교를 지키고 있다.

이미 선천적 질병 때문에 충분히 고통스럽지만 그들은 잘못된 미신과 편견 속에 또다시 차별의 대상이 되어 고통스럽게 살아가 고 있다. 사회적 약자이면서 편견의 대상이 되는 이들, 그러나 사 진 속의 모습처럼 이들도 다른 사람들처럼 평범한 행복을 누릴 권 리가 있고, 누구와도 잘 어울리며 평범하게 살아갈 권리가 있다. 선택과 배제, 그것은 인간의 가장 추악한 모습의 표출일지도 모른 다.

(질문) [수업을 하기 전] 이 사람은 어떤 사람일까요?

"무서워요."   "범죄자 같아요."

"기분 나빠요."   "머리가 나쁠 것 같아요."

"나쁜 사람일 것 같아요."

이 사람이 도대체 어떤 사람이며 어떤 일을 하는 사람일까에 대한 궁금증에 앞서, 단순히 흑인이기 때문에 무식하고 인격도 갖추지 못했을 것이라는 추측이 대부분이었다.

그런데 정말 그럴까? 한 가지 분명한 것은 생태적인 문제, 즉 타고나면서부터 부여받았기 때문에 선택할 여지조차 없는 문제로 차별받는 것은 정당하지 않다는 것이다.

(질문) 인종에 대한 여러분의 생각이 바뀌었나요?

흑인이라고 해서 백인보다 못한 존재가 아니다. 흑인들도 노력하면 잘할 수 있고 흑인도 백인과 다를 것이 없다.

흑인은 얼굴은 검지만 우리와 같은 사람이고, 우리보다 마음이 더 따뜻할 수도 있다.

흑인도 생각하고 느낄 수 있는 존재이기 때문에 흑인도 백인과 같은 평범한 사람이다.

아무리 흑인이라도 백인보다 좀 더 괜찮은 일을 해 내고, 더 좋은 직업을 가질 수 있다. 그리고 더 똑똑할 수도 있다.

우리의 외모가 어떠하든, 또 그들의 외모가 어떠하든 그것은 옳고 그름의 문제가 아니다. 그것은 세상에 널리 편만한 '다름'의 한 단면일 뿐이다.

인종은 차별의 근거가 될 수 없다는 점. 이 생각을 오래 간직하는 것은 장기적이고 거시적인 안목으로 보았을 때, 우리가 거대한 다문화 사회를 살아가는 건강한 일원으로 자리매김하고 더 나아가 조화로운 사회를 이루는 밑거름이 될 것이다.

말, 이기 VS 흉기

예로부터 인간과 동물을 구별하려는 시도는 부단히 진행되어 왔다. 생각하는 인간이라는 의미의 '호모 사피엔스', 도구를 사용하는 인간이라는 의미의 '호포 파베르', 놀이하는 인간이라는 의미를 담고 있는 '호모 루덴스', 디지털 시대를 살아가는 우리들은 '호모 디지쿠스'이다. 나날이 분화되고 진화되는 용어는 인간만의 고유한 특징을 포착하기 위해 부단히 노력했음을 보여 준다.

인간을 설명하는 고전적이고 유효한 구분법 가운데 하나가 바로 '말[言]'이다. '호로 로쿠엔스(Homo loquens)'는 바로 말하는 인간이라는 의미로, 인간의 특징을 잘 설명해 준다. 언어 덕분에 사람들은 동물과 다른 생활을 할 수 있으며, 복잡한 생각과 마음을 표현할 수도 있다.

말, 조심해서 써야 할 이기

'말'은 인간 사이의 소통을 위해 꼭 필요한 도구이다. 표정이나 수화, 그 밖의 각종 보디랭귀지들 역시 의사소통을 위해 고안된 방법이다. 인간 사이의 원활하고 자연스러운 관계를 위해, 오해 없이 잘 소통하기 위해 말만큼 편리한 도구는 또 없을 것이다. 말 덕분에 사람들은 복잡 미묘한 감정을 전달할 수 있고, 구체적인 상황도 오해 없이 전달할 수 있다. 이런 점에서 본다면, 동물들이 갖고 있지 않은 '말'은 인간의 삶을 더없이 원활하게 만들어 주는 이기(利器)이다.

요즘은 '말 잘하는 사람'이 뜨는 세상이다. 재미있는 말, 웃기는 말은 들을 때마다 사람들을 즐겁게 하기 때문이다. 그 때문에 말 잘하는 사람들은 그것을 직업으로 삼기도 한다. 옛 속담에도 "힘센 아이 낳지 말고, 말 잘하는 아이 낳아라"는 말이 있는 걸 보면, 말 잘하는 것을 예로부터 중요하게 여겼다는 것을 알 수 있다. 옛날 사람들도 사람을 평가하는 데 있어 '말재주'를 특별한 고려의 대상으로 생각했다. 어떤 사람이 공자(孔子)의 제자인 중궁(仲弓)을 평가하면서, 사람이 어질기는 하지만 말재주가 없다며 험담을 늘어놓은 적이 있다. 그러자 공자는 이렇게 대답했다.

말재주를 어디다 써먹겠느냐? 약삭빠른 말재주로 남의 말이나 막아서 남에게 미움만 받을 뿐이다. 중궁이 어진 사람인지는 모르겠지만, 말재주를 어디다 써먹겠느냐?

— 『논어』, 「공야장」

말을 못하는 건 아무런 문제가 되지 않는다는 공자의 생각은

"말재주를 어디다 써먹겠느냐?"는 말에 잘 드러난다. 어질고 바른 생각을 하고 배운 것을 실천하는 것이 중요하지, 말재주로 사람을 판단해서는 안 된다는 공자의 생각은 말재주를 도대체 "어디에 써 먹겠느냐"를 반복해 언급한 것에서 분명하게 확인할 수 있다. 사실 공자도 '말하는 직업'을 가진 사람이었으니, 말재주의 무용함을 이야기한 것은 물론 아니다. 말이란 것은 유용한 만큼 폐해도 있다는 것을 강조했을 뿐이다. 따라서 공자는 말하는 것에 신중을 기해야 한다는 주문도 반복했다. "말은 신중하게, 행동은 민첩하게!" 지금도 통용되는 말에 대한 조언은 수천 년의 역사를 지닌 것이기도 하다.

공자께서 말씀하셨다. "[듣기 좋은 말로만] 말을 꾸미고, [싫은데도 억지로] 얼굴 표정을 꾸미는 사람은 어질지 않다."

— 『논어』, 「학이」

공자께서 말씀하셨다. "군자는 말은 경솔하게 하지 않고, 행동은 민첩하게 해야 한다."

— 『논어』, 「이인」

'말하는 직업'을 가진 공자였지만, 그는 누구보다 말에 대해 엄격하고 신중했다. 한 사람의 입에서 나오는 '말'은 그저 의사를 표현하는 일차적인 도구가 아니라 행동을 담보하는 전제가 된다는 점에서 재고, 삼고의 대상이었다.

『논어』에는 공자가 제자인 재여(宰予)에 대해 실망감을 토로했다는 기록이 있는데, 공자를 실망시켰던 것은 말과 행동이 일치하지 않는 그의 행동 때문이었다.

재여가 낮잠을 잤다. 공자께서 말씀하셨다. "썩은 나무는 조각할 수 없고, 거름흙으로 쌓은 담장은 손질할 수가 없다. 내가 재여를 어떻게 꾸짖겠는가." 공자께서는 또 말씀하셨다. "내가 처음에 다른 사람을 대할 때에는 그 사람의 말을 듣고 그 사람을 믿었는데, 지금은 사람을 대할 때 그 사람의 말을 듣고 그 사람의 행실까지도 살피게 된다. 재여 때문에 나의 원래 습관을 고치게 되었다."

— 『논어』, 「공야장」

앎과 삶을 일치시켜야 하는 '지행합일(知行合一)'도 중요하지만, 공자에게 말과 행동이 일치하는 '언행일치(言行一致)' 역시 삶의 중요한 문제이자 실천 대상이었다. 아무리 재주가 뛰어난다 한들 말과 행동이 일치하지 않는 사람은 신뢰의 대상이 되지 못한다.

누구나 할 수 있는 말, 그러나 고전(古典)이나 각 종교의 경전(經傳)에는 말을 경계하는 내용들이 적지 않으며, 서양의 속담에서도 말의 중요성을 알려 주는 것들을 쉽게 찾아볼 수 있다. "가장 수다스러운 사람이 가장 일하지 않는 사람이다", "한번 거짓말쟁이로 인식되면 아무리 진지한 표정으로 옳은 말을 한다 하더라도 아무도 믿지 않는다", "좋은 말은 가치가 있으며 거의 비용이 들지 않는다" 등이 그것이다.

이렇게 옛사람들이 남긴 속담을 보면, 동양이든 서양이든 말의 중요성에 대해서는 똑같이 인식했음을 알 수 있다. 말에 대해 왜 이렇게 말들이 많았을까. 그것은 사회적 동물인 인간에게 말은 없어서는 안 될 중요한 도구임에 틀림없지만, 그것이 언제든 흉기로 변할 수 있기 때문이다.

말, 날카로운 흉기

말은 다른 활동에 비해 거의 노동력이 필요하지 않다. 생각한 것을 즉각 표현할 수 있다는 점에서 유용하다고 할 수 있지만, 말은 편리한 만큼 주의를 요구하는 것이 사실이다. "쏜 화살은 다시 주워 올 수 있지만, 한번 뱉은 말은 주워 담을 수 없다"는 옛 속담은 이를 잘 알려 준다.

요즘은 자기표현을 확실하게 하는 것이 능력 있는 것으로 여겨지곤 한다. 그러나 머릿속에 떠오르는 모든 생각을 상대방에 대한 배려 없이 말하는 것이 '솔직함', '자기표현'과 동일시되어서는 곤

란하다. 특히 남을 비판할 때는 더욱 신중하게 단어를 사용해야 하는데, 때로 감정이 실리다 보면 그것이 비난이나 비방, 막말로 이어지기 쉽다. 옛사람들은 "관 속에 들어가도 막말은 말라"는 속담을 남겨, 말에 대해 신중하도록 당부했다. 오죽하면 세 치 혀는 몸을 베는 칼이라고 했을까.

실제로 가끔 인터넷 사이트에서 'OOO 막말'이라는 검색어를 종종 발견하게 된다. 솔직함, 진솔함은 매력이기도 하겠지만, 마음속에 있는 말을 그대로 쏟아 놓는다고 해서 그것이 언제나 미덕이 되지는 않음을 보여 주는 사례일 것이다. 특히 특정한 대상을 향한 막말은 특별한 주의를 요구하는 상황까지 이르게 되었다.

모든 사람들이 내 맘에 꼭 들 수는 없다. 물론 맘에 안 드는 사람을 칭찬할 수는 없을 것이다. 불만은 누구나 가질 수 있지만, 그것을 표현하는 방식에는 고민이 필요하다. 혹 내가 받은 스트레스를 풀기 위해 익명성이 보장된 인터넷 공간에서 언어로 테러를 가하고 있지는 않은가. 그 테러로 누군가를 죽음으로 내몰 수도 있다면 그것은 핵무기 못지않은, 아니 어쩌면 그보다 더 강력한 살상무기가 될 수도 있다.

말은 '칼'이다. 칼은 인류가 도구를 만들어 사용하던 순간부터 사용해 온 유용한 도구이다. 한편 칼은 살상용 무기, 다시 말해 흉기가 되기도 한다. 칼은 어떻게 사용하느냐에 따라 꼭 필요한 도구가 되기도 하고 두려움의 대상이 되기도 한다. 칼에 분명한 용도와 사용법이 있는 것처럼, 말에도 분명한 용도와 사용법이 있다.

누구나 하는 말, 누구나 듣는 말

말[言]에 대한 경계는 21세기 인터넷의 보급과 확산에 힘입어 새로운 국면을 맞게 되었다. 동등한 표현의 권리와 철저한 익명성이 보장된 인터넷은 말의 전쟁터로 변모하게 된 것이다.

특히 사람과 직접 만나 대화하거나 생각을 나누는 게 아니라 얼마든지 일방통행이 가능하기 때문에, 상대방에 대한 고려나 배려 등에 대한 고민은 하기 어렵게 만드는 것이 바로 인터넷 공간이다.

또한 유언비어이거나 확인되지 않은 근거 없는 이야기조차 반복되어 유포됨으로써, 사실이 아닌 내용이 사실로 굳어지기도 한다. 최근 몇 년 사이에 있었던 연예인들의 죽음을 통해 그 사실을 확인할 수 있다. 사실이 아닌 내용을 반복하고 재유포함으로써 의외의 상황이 야기된 것은 비단 오늘날만의 문제는 아닐 것이다. 옛 고사성어(故事成語)에서도 이러한 걱정과 염려를 살펴볼 수 있다.

효자 증삼과 그의 어머니

옛날 중국에서 효자로 이름을 날린 증삼(曾參, 증자)이 노(魯)나라의 비(費)라는 곳에 있을 때 일어난 일이다. 마을 사람 중에 이름과 성이 증삼과 같은 사람이 있었다. 하루는 그가 살인을 했다. 그러자 사람들이 증삼의 어머니에게 달려와 말했다.

"증삼이 사람을 죽였습니다."

그러자 증자의 어머니가 말했다.

"우리 아들이 사람을 죽였을 리가 없습니다. 우리 증삼은 그런 아이가 아닙니다."

그러고는 태연히 짜고 있던 베를 계속 짰다. 시간이 조금 지나 또 다른 사람이 뛰어 들어오면서 말했다.

"증삼이 사람을 죽였습니다."

증자의 어머니는 이번에도 얼굴색 하나 변하지 않은 채 베를 계속 짰다. 또 얼마의 시간이 지났다. 어떤 사람 뛰어 들어와 말했다.

"증삼이 사람을 죽였습니다."

그러자 증자의 어머니는 두려움에 떨며 베틀의 북을 던지고 담을 넘어 달렸다. 그녀는 현명하고 인품이 훌륭한 증삼을 믿었지만, 세 사람이 아들을 살인자로 지목하며 계속해서 말하다 보니 그 어머니조차도 아들을 믿을 수 없게 된 것이다.

― 「증삼살인」(曾三殺人)

충신 방총의 근심

중국의 전국(戰國)시대 위나라 방총(龐葱)이 볼모가 된 태자를 모시고 조나라의 한단으로 떠나게 되었다. 충직한 신하인 방총은 다른 나라로 가게 되면 자기가 없는 사이에 모함을 받을 것을 걱정하여 떠나기 전에 혜왕을 만났다.

"어떤 사람이 시장에 호랑이가 나타났다고 하면 왕께서는 믿으시겠습니까?"

"그 말을 누가 믿겠나?"

"그럼 두 사람이 와서 같은 말을 하면 믿으시겠습니까?"

"그때도 반신반의하겠지."

"그렇다면 세 사람이 와서 같은 말을 한다면 어떻게 하시겠습니까?"

"세 사람이나 와서 똑같은 말을 한다면 그 말을 믿을 것 같다."

그러자 방총이 말했다.

"시장에는 분명히 호랑이가 없습니다. 그러나 세 사람이 같은 말을 하면 없던 호랑이도 있는 것이 됩니다. 저는 지금 멀리 한단으로 떠납니다. 제가 떠난 후 저에 대해 왈가왈부하는 사람이 많을 것입니다. 그러나 귀담아듣지 마십시오."

"내가 직접 확인한 내용이 아니면 믿지 않을 테니 걱정 말라."

방총이 출발하고 아직 한단에 도착하기도 전에 그의 걱정대로 그를 모함하는 이야기들이 들려왔다. 이런 이야기가 계속되자 혜왕은 약속과 달리 방총을 의심하게 되었다. 몇 년 뒤 태자는 인질에서 풀려 귀국할 수 있었지만, 방총은 그가 예견한 대로 왕을 만날 수 없는 신세가 되었다.

― 「삼인성호」(三人成虎)

사실 인터넷 공간에는 수많은 정보들이 떠돌고 있기 때문에, 사실관계를 일일이 확인하는 것은 실제로 불가능에 가깝다. 또한 인터넷에 있는 정보들이 모두 정확하지 않다는 것은 이미 경험을 통해서 알고 있다. 그렇다면 인터넷에서 광범위하게 이루어지는 말의 홍수 속에서 어떤 자세를 가지는 것이 바람직할까. 개인의 경험이나 생각이 모두 다르기 때문에 각기 다른 대답이 도출될 수 있을 것이다. 스스로에게 묻고 실천하는 것은 하루라도 미루어서는 안 되는 급하고도 중요한 일이다. 생산적인 생각과 실천이 모이다 보면 인터넷 공간에서의 '말'은 흉기보다는 소통의 이기(利器)로 사용될 것이고, 인터넷 공간은 소통의 장(場)이 될 것이다.

말에 대한 충고

우리 조상들은 "힘센 아이 낳지 말고, 말 잘하는 아이 낳아라"

는 속담을 남겼다. 농업 시대에는 무엇보다 중요한 인재가 농사일을 거들 수 있는 '힘센' 사람이었을 것이다. 그런데 왜 '말 잘하는 아이'를 낳으라고 했을까, 또 어떻게 말하는 것이 '잘하는' 말일까?

말 잘한다는 것이 요즘 텔레비전에 나오는 연예인들의 화려한 말솜씨를 의미한다고도 할 수 있겠지만, 말 잘하는 것만으로 직업을 가지기 어려운 시대부터 이러한 속담이 있었다는 사실을 볼 때 말 잘하는 것이 인기를 얻고 돈을 벌 수 있다는 것과 다름을 알 수 있다. 그렇다면 '말 잘하는 것'은 무기로서의 말이 아니라 소통의 도구로서의 말을 잘 사용했다는 의미일 것이다.

옛 속담에는 특히 말에 대한 내용이 많은데, 말에 대한 구체적이면서도 세심한 속담은 말의 중요성을 다시 한 번 상기시킨다.

- 말 많은 집은 장맛도 쓰다
- 말은 할수록 늘고 되질은 할수록 준다
- 말이 많으면 실언이 많다
- 가는 말이 고와야 오는 말이 곱다
- 말 한 마디로 천 냥 빚을 갚는다
- 발 없는 말이 천 리 간다
- 가루는 칠수록 고와지고 말은 할수록 거칠어진다
- 나무는 열매를 보면 알고, 사람은 그 언행을 보면 안다
- 살은 쏘고 주워도 말은 하고 못 줍는다

- 여러 사람의 말이 쇠도 녹인다
- 여러 사람의 말이 한 사람 바보 만든다
- 곰은 쓸개 때문에 죽고 사람은 혀 때문에 죽는다
- 혀는 몸을 베는 칼이다
- 관 속에 들어가도 막말은 말라

우리나라 속담에는 '말'에 대한 경계와 충고가 유난히 많다. 한 마디 말로 천 냥 빚을 갚을 수도 있지만, 세 치 혀 때문에 사람을 죽일 수도 있기 때문이다. 옛사람들이 말했던 '말 잘하는 것'은 무엇일까. 때와 장소에 적절한 말, 관계를 매끄럽게 하는 말을 잘한다는 의미일 것이다.

(질문) 말에 관한 속담 중에서 가장 공감이 되는 것은 무엇인가요?
그리고 그 이유는 무엇입니까?

한 사람의 입이 쇠도 녹인다
- 왜냐하면 여러 사람들이 말로 친구를 죽일 수도 있기 때문에
- 말로 한 사람을 바보로 만들 수 있기 때문에
- 내가 직접 겪어 봐서

가는 말이 고와야 오는 말이 곱다
- 내가 동생한테 욕을 했더니 나한테 욕을 하고, 칭찬해 주었더니
동생도 나를 칭찬해 주었기 때문에

콩으로 메주를 쑨다 해도 곧이 안 믿는다
- 양치기 소년이 거짓말을 해서 손해를 본 이야기가 떠올라서

화살은 쏘고 주워도 말은 하고 못 줍는다
- 말은 한번 하고 못 줍기 때문에(내 말실수 때문에 언니가 화난
적이 많아서)

중요한 것은 내 삶에서 깨달은 내용을 체화(體化)하여 온전히 내 것으로 만드는 일이다. 삶에서의 진리가 삶 속의 진리가 되어야 하며, 또한 교과서 속의 진실이 내 삶 속의 진실이 되어야 한다. 머리뿐만 아니라 몸과 마음까지 기억되어 남아 있는 교훈은 대개 자신의 경험에서 비롯된 것들이 많다. 우리의 경험이 단순히 경험에서 끝나지 않고 더 나은 삶을 위한 근거가 된다면, 삶 속에 오래도록 기억될 것이다.

　　우리는 누군가 나를 이해해 주기를 간절히 바라지만, 다른 사람들을 이해하는 일에는 그만큼의 간절함을 갖기 어렵다. 이해받고 싶은 마음이 본능에 가깝다면, 상대방을 이해하는 데는 노력과 훈련이 필요하다. 스스로 생각하고 쓰면서, 또 친구나 부모님, 선생님의 입장이 되어 보기도 하면서, 나 자신과 상대방의 마음을 헤아려 보고 그것에 기초하여 더 나은 인간관계를 지향하고 실현하는 것이 '행복'의 범주에 포함된다면, 자기 삶에 대한 반성(反省)과 자기 성찰은 행복을 향해 가는 지름길이 될 것이다.

'나'와 이루는 조화

"넌 소원이 뭐야?"는 어린 시절부터 더러 받게 되는 질문 가운데 하나이다. 지금 나에게 없는 것, 가지고 싶은 것, 바라는 모든 것은 '소원'이라는 단어에 집약되어 표현된다.

어린아이, 어른을 막론하고 소원은 언제나 푸른 꿈으로 남아 있다. 소원을 들어줄 수 있는 누군가가 있기를 바라는 마음은 시간이 지나도 빛이 바래지 않는다. 낡은 램프의 뚜껑을 쓱쓱 문지르면 푸른 몸의 지니가 램프 속에서 나와 소원을 들어준다는 설정은 어른 아이 할 것 없이 빠져들게 하는 매력적인 소재임이 틀림없다. '알라딘과 요술 램프'는 국내에 동화로 번역되어 소개되었고, TV 드라마로 방영되었으며, 최근에는 뮤지컬로도 만들어져 여전히 사람들의 눈과 귀를 사로잡고 있다.

"넌 소원이 뭐야?"

이 질문을 받은 사람들 가운데 "부자가 되는 것"이라고 대답하는 사람들이 의외로 많다. 남녀노소를 불문하고 가장 많이 듣게 되는 대답 역시 '부자가 되는 것'이다. 부자가 된다면 모든 것을 다 이룰 수 있을까? 로또에 당첨된다 하더라도 행복한 삶이 보장되지 않는다는 것, 엄청난 금액의 로또 수령액을 받고 인생이 오히려 비참해진 많은 사람들의 '실화'도 심심치 않게 들려온다. 그러나 '나는 분명 다를 것'이라는 믿음은 부자를 향한 사람들의 집념을 꺾지 못한다.

돈이 인생의 전부가 아니라는 것이 오늘날 우리만의 이야기는 아닌가 보다. 고대 그리스 신화에도 돈에 얽힌 이야기가 나온다.

미다스 왕 이야기

그리스 신화 속의 미다스는 프리기아의 왕이었다. 어느 날 농부들이 숲에서 혼자 잠들어 있었다며 한 노인을 데려왔다. 미다스가 보니 그는 술의 신〔酒神〕 디오니소스의 스승인 실레노스였다.

실레노스를 알아본 미다스는 그를 자신의 궁전에 머물게 하며 극진히 대접하고, 디오니소스에게 데려다주었다. 자기 스승을 극진히 대접한 미다스에게 고마움을 느낀 디오니소스는 고마움의 표시로 두 가지를 들어주겠다고 말했다. 원래 보답을 바라고 실레노스를 도와준 것이 아니기 때문에, 이 제안은 놀라우면서 당황스럽기도 했다. 잠시 생각하던 미다스는 이렇게 말했다.

"제 손에 닿는 것은 무엇이든 황금으로 변하게 해 주십시오."

디오니소스는 다른 소원을 말할 생각은 없냐며 그에게 기회를 주었지만, 미다스는 고개를 저었다. 디오니소스는 미다스가 더 나은 선물을 청하지 않는 것을 안타까워했다. 디오니소스가 다른 한 가지 소원을 더 물었으나, 미다스는 나중에 더 생각해 보겠다며 흡족한 미소를 지었다.

생각지도 못한 선물에 미다스는 기뻐하며 자신에게 새로 생긴 능력을 시험해 보았다. 궁전에 도착한 미다스가 참나무 가지를 꺾었더니, 가지는 신의 약속을 증명하듯 금세 황금으로 변했다. 미다스는 다시 돌멩이를 집어 들었다. 그랬더니 돌멩이 역시 황금으로 변했다. 황금으로 변하는 것을 본 미다스는 궁전을 돌아다니며 사과며 의자, 궁전의 기둥을 손으로 만졌고, 그것들은 모두 번쩍거리는 황금으로 변해 그를 무척 행복하게 만들었다.

한창 기쁨에 들떠 있던 그도 슬슬 배가 고파 왔다. 그는 큰 소리로 시종들을 불러 음식을 준비하게 했고, 이어 풍성한 음식이 차려졌다. 미다스는 손을 뻗어 빵을 집어 입에 넣었다. 그러나 입에 씹히는 것은 부드럽고 달콤한 빵이 아니라 딱딱한 황금 덩어리였다. 물을 마시고 싶어도 그럴 수가 없었다. 미다스의 손에 닿는 모든 것들은 황금이 되었던 것이다.

황금은 가장 맛있고 좋은 음식을 살 수 있지만, 결코 먹을 수는 없었다. 미다스 왕의 이런 사정을 알아챈 하녀들이 미다스에게 먹을 것을 주려고 시도했지만, 먹을 것을 가져다준 시녀와 시종들조차 모두 황금으로 변해 버렸다.

미다스가 이렇게 놀라 슬퍼하고 있을 때, 그의 하나뿐인 딸이 달려왔다. 미다스는 깜짝 놀라 손을 저었지만, 이미 딸은 황금으로 변한 후였다.

모든 것이 황금으로 변한 뒤에야 미다스는 세상에서 가장 부자가 되겠다며 황금을 욕심냈던 것을 후회했다. 그는 디오니소스에게 달려갔다. 그가 들어주겠다던 두 번째 소원을 부탁하기 위해서였다. 디오니소스 앞에 도착한 미다스는 눈물을 흘리며 소원을 말했다.

"디오니소스 신이여! 제가 어리석었습니다. 욕심을 부렸던 저의 죄를 용서해 주십시오."

그러자 디오니소스는 그에게 남아 있는 하나의 소원을 들어주겠다고 했다. 미다스는 주저하지 않고 말했다.

"저의 손에 닿아 황금으로 변했던 모든 것이 원래의 모습을 찾게 해 주십시오."

디오니소스는 황금의 권능을 거두게 해 주겠다며, 팍토로스 강으로 가 몸을 씻으라고 명령했다. 미다스는 팍토로스 강으로 가서 정성껏 몸을 씻었다. 미다스는 모든 것을 원래의 모습대로 되찾을 수 있었다.

큰돈을 만지는 사람이거나 큰돈을 번 사람들을 흔히 '마이더스(미다스)의 손'이라고 부른다. '황금의 손'을 의미하는 이 말에는 미다스의 후회나 마지막 소원에 대한 이야기는 누락되어 있다. 로또에 당첨된 사람들이 모두 행복한 삶을 사는 것이 아니고 "차라리 로또에 당첨되지 않았더라면" 하고 후회한다는 기사를 인터넷과

뉴스를 통해 종종 접하지만, 이 부분에서만큼 "나는 그러지 않을 거야, 나는 다를 거야"라고 생각하게 되는 것 같다.

물론 그런 행운을 누려 보지도 못한 상태에서 이런저런 비판을 하는 것은 옳지 않다. 그러나 모든 것을 경험해 보아야만 알 수 있는 것은 아니듯이, 이미 많은 사람들의 경험과 삶은 충분한 교훈을 주고 있다. 수많은 경험태가 모여서 만들어진 역사가 지금도 유효한 것은 그런 의미들 때문일 것이다. 경험해 보지 않았지만 간접 경험을 통해서도 교훈을 얻고 삶의 자세를 가다듬을 수 있기 때문이다.

미다스처럼 황금에 대한 목표가 나쁜 것만은 아니다. 마이크로 소프트의 창업자인 빌 게이츠(William Henry Gates)는 회사를 설립, 운영하면서 진정한 '미다스의 손'이라고 불릴 정도로 막대한 수입을 올렸다. 지난 몇 년간 세계 부호 1위를 차지했던 빌 게이츠는 지난 2009년 다시 세계 갑부 1위에 이름을 올렸다. 빌 게이츠는 사람들이 꿈꾸는 '세상에서 가장 돈 많은 사람'이 되어 사람들의 부러움을 샀다.

빌 게이츠는 지난 2007년 미국 ABC 뉴스에서 선정한 세계에서 가장 영향력 있는 인물 1위에 올라 유명세를 더했다. 세계에서 가장 부자가 되는 것도 쉬운 일은 아니지만, 세계에서 가장 영향력 있는 인물로 꼽히는 것은 더더욱 어렵다. 다른 사람과 사회에 영향력을 끼칠 수 있다는 것 그리고 남에게 존경을 받을 수 있다는 것,

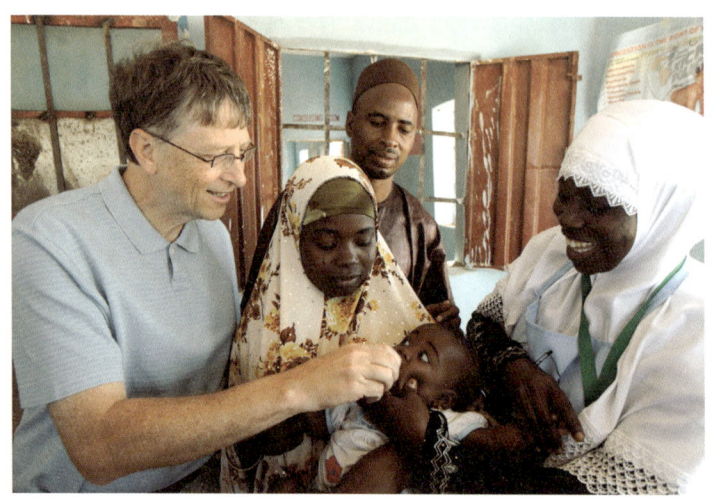

기부를 실천하는 빌 게이츠 부부

그것은 결코 돈으로 해결되는 종류의 것이 아니다.

　빌 게이츠가 그토록 유명해질 수 있었던 것은 그의 멋진 집과 자동차, 통장 잔고가 아니라, 시간과 장소를 가리지 않고 자신의 경영 철학이기도 한 '나눔의 미학'을 실천했기 때문이기도 하다. 그는 지난 2000년 아내 멜린다 게이츠와 함께 '빌 앤 멜린다 게이츠 재단'을 설립하여 에이즈·말라리아·결핵과 같은 질병을 퇴치하는 데 기부금을 지원했고, 개발도상국의 경제 발전에도 관심을 기울이고 있다. 특히 아프리카의 기아 문제를 해결하기 위해 곡물 수확량을 늘리는 농업 혁명에 자금을 지원하고 있다.

　세계 최고 부자인 게이츠 부부는 재산의 95%를 자선사업에 쓰겠다는 계획을 발표했고, 그들의 약속은 지금도 잘 지켜지고 있다. 게이츠 부부는 지금까지 재산의 절반 이상을 사회에 환원했고, 앞으로도 더 많은 기부를 통해 저소득층과 사회 빈곤 계층의 복지를 위해 노력하겠다고 밝혔으며, 현재 기부 단체를 운영하여 가난과 기아에 시달리는 소외 계층을 위해 애쓰고 있다. 그의 적극적인 의지와 노력, 실천에 힘입어 많은 자산가들이 자신들의 재산을 기탁해 왔다. 그들의 노력은 사회 각지로 행복한 바이러스가 되어 퍼지고 있는 것이다.

미다스와 빌 게이츠는 모두 많은 재산을 가지고 있었다는 공통점이 있다. '욕심'으로 소원을 말했던 미다스는 결국 디오니소스에게 황금의 권능을 거두게 해 달라고 부탁했지만, 빌 게이츠는 스스로 재산을 환원함으로써 돈을 주고도 살 수 없다는 존경까지 한 몸에 받고 있다. 그뿐만 아니라 세계에서 내로라하는 부자들이 자신의 돈을 게이츠 부부에게 기탁하고 있다. 그들은 이미 세계 최고 부자의 자리를 차지하고 있지만, 그들은 점점 부자가 되고 있다. 이미 부유한 그들에게 사람들이 돈을 기탁하는 이유는 한 가지이다. 그들이 돈을 잘 벌기도 하지만, '잘' 쓸 줄 알기 때문이다.

미다스의 신화는 황금의 무용을 깨닫고 모든 것을 원래 상태로 되돌리기를 바라며 팍토로스 강에서 몸을 씻는 이야기로 끝나지만, 빌 게이츠의 성공과 행복 신화는 현재 진행형이다. 누구의 강요나 의지 때문이 아니라 서로 나누며 행복해질 수 있는 길을 모색한 노력과 실천이 가져온 결과이다.

사람은 누구나 행복한 삶을 꿈꾼다. 행복한 삶을 지탱하는 요건에는 '부유함'도 포함되어 있을 것이다. 빌 게이츠의 삶은 가난하게 살라고 가르치는 것이 아니다. 욕심을 조절하는 것, 내가 소중한 만큼 다른 사람도 소중하다는 것을 가르치고 있다. 미다스가 황금을 얻음으로써 누리려고 했던 행복과는 다른 그 반대의 선택을 하면서 오히려 미다스보다 행복한 삶을 살아가고 있는 빌 게이츠의 삶은 많은 것을 말해 준다. 진짜 부자는 돈이 많은 사람이 아니라, 돈을 효율적으로 잘 관리해서 쓰는 사람인 것이다.

이카로스의 날개

황소 머리에 사람의 몸을 가진 미노타우로스의 이야기는 널리 알려져 있다. 제우스와 에우로페 사이에서 태어난 미노스는 왕권 다툼을 하던 가운데 자기가 진정한 왕권을 받았다는 증거로 삼기 위해 포세이돈에게 황소를 한 마리 보내 달라고 청했다. 왕이 된 후에 자신이 받은 황소를 포세이돈에게 다시 제물로 바치겠다고 했지만, 너무나 멋진 황소가 탐이 난 미노스는 돌려보내지 않았고 평범한 황소를 바쳐 제사를 지냈다. 미노스는 포세이돈을 속인 대가가 얼마나 상상을 초월할지 그때에는 미처 알지 못했다. 미노스의 아내인 파시파에가 이 황소에게 반해 사람의 몸에 소의 얼굴을 한 아이 미노타우로스를 낳은 것이다. 이런 불행이 다 자신으로부터 비롯되었음을 간파한 미노스는 미노타우로스를 감추는 것이 최상의 방책이라고 생각했다. 이를 실행하기 위해, 미노스는 당시 최고의 장인인 다이달로스를 불러들여 출입구가 하나밖에 없고 자물쇠로 잠긴 미궁을 만들게 했다. 미노스는 누구나 한번 들어가면 절대 빠져나올 수 없는 미궁을 만들어 미노타우로스가 평생 그곳에서 살기를 바랐기 때문이다.

장인 다이달로스가 정교한 미궁을 완성하자, 미노스는 그와 그의 아들인 이카로스를 탑에 가두었다. 미노타우로스의 존재에 관한 모든 소문과 의혹을 잠재우기 위해서였다. 다이달로스 부자를 가둔 탑은 높았고 계단 아래에서는 그들을 엄중하게 감시했기 때문에, 그들이 빠져나가리라고 생각하는 사람은 아무도 없었다.

탑에 갇힌 다이달로스는 이대로 죽음을 맞을 수 없다고 생각하면서 주위를 살펴보았다. 오랜 시간 동안 아무도 들르지 않은 듯한 방의 구석에는 바람을 타고 들어온 나뭇잎과 새들의 깃털이 쌓여 있었다. 마침 밀랍을 몸에 지니고 있었던 다이달로스는 깃털을 주워 모으고 그것을 밀랍으로 이어 붙여 두 쌍의 날개를 만들었다. 그는 큰 날개는 자신의 몸에 붙이고 작은 날개는 아들 몸에 꼭 붙여 주며 비행 연습을 시키고 함께 탈출할 계획을 세웠다. 날개가 완성되고 탑을 떠날 때가 되었다고 판단한 다이달로스는 비장한 마음으로 아들의 몸에 날개를 달아 주며 단단히 주의를 주었다.

너무 높이 날면 태양의 열에 의해 밀랍이 녹으니 너무 높이 날지 말고, 너무 낮게 날면 바다의 물기에 의해 날개가 무거워지니 항상 하늘과 바다의 중간으로만 날아라.

드디어 탈출하는 날, 날개를 단 다이달로스와 이카로스는 하늘로 날아올랐다. 따뜻하고 밝은 태양은 그들의 몸에 생기를 주었고, 끝없이 펼쳐진 푸른 바다와 하늘 사이에 감도는 공기마저 신선하게 느껴졌다. 오랜 시간 탑에 갇혀 있던 이카로스가 거칠 것 없이 자유롭게 날 수 있게 되자 아버지의 충고를 잊고 말았다.

세상의 어떤 사람보다도 높은 곳에 가고 싶었던 이카로스는 태양의 근처까지 높이 날아올랐다. 그러자 태양의 뜨거운 열에 의해 깃털을 붙인 밀랍이 녹아 흐르게 되었고, 깃털이 하나둘씩 떨어져 나갔다. 결국 이카로스는 날개를 잃고 바다에 떨어져 죽고 말았다.

자유를 갈구했고 그 방법을 찾아 시도했으나 결국 바다에 떨어지고 만 이카로스의 신화는 많은 작가와 화가들에게 영감을 주었다. 성서와 신화를 주제로 많은 작품을 남긴 유명 화가 샤갈(Marc Chagall)도 〈이카로스의 추락〉이라는 제목으로 그림을 그렸다. 날

마크 샤갈의 〈이카로스의 추락〉(1975)

개는 붙어 있지만 몸이 반으로 꺾여 추락하는 이카로스 그리고 그 아래에는 많은 사람들이 안타깝게 그 모습으로 바라보고 있다. 우리는 때로 이카로스이거나 군중들이다.

끝없이 펼쳐진 바다와 창공을 향해 날개를 펼친 이카로스처럼, 우리도 현재의 삶과 미래를 향해 어디로든 날아갈 수 있다. 그러나 바다에 너무 가까이 가서도, 태양에 너무 근접해서도 안 된다. 잘못하면 우리의 꿈과 미래를 싣고 날아가는 날개를 지탱하고 있는 밀랍이 녹을 수도 있기 때문이다. 남의 욕망을 우리 자신의 욕망으로 착각하고 살아가는 우리들, 우리들에게 필요한 것은 그 욕망을 조절하는 법을 배우는 것이다. 이것이야말로 크고 튼튼한 날개를 지탱하며 날아가는 가장 좋은 방법이 아닐까.

'타인'과 이루는 조화

사람들은 누구나 행복한 삶을 꿈꾼다. 그 행복한 삶을 구성하는 요소 중에서도 다른 사람은 언제나 필수적 존재이다. 인간은 사회적 동물이기 때문이다. 혼자서는 결코 살 수 없는 존재이기 때문에, 인간관계에 대한 문제는 고대부터 사람들의 큰 고민거리 가운데 하나였다. 관계 때문에 죽음을 선택하는 사람이 있을 정도로 '좋은 관계'는 사람들이 바라는 삶의 목표 가운데 하나이다.

사람들은 흔히 '개성'이란 개인만의 독특한 것으로, 무조건 '튀는 것'을 개성으로 간주하기도 한다. 그러나 외모뿐만 아니라 내면까지 아울렀을 때 그것을 진정한 개성이라고 할 수 있다.

화이부동(和而不同)

"조화를 이루면서도 같은 사람은 되지 말라." 남과 조화를 이루라는 공자(孔子)의 말은 자칫하면 개성은 없애고 남과 비슷하게 되라는 말처럼 들리기도 한다. 그러나 공자는 우선 자기 스스로 분명한 정체성과 개성을 가지고 있으며 상대방도 나와 같은 정체성과 개성을 가진 인간임을 인정할 때, 비로소 조화로운 관계를 만들어 낼 수 있다고 말했다.

공자께서 말씀하셨다. "군자는 화합(조화)하면서도 똑같지 않다. 그러나 소인은 똑같기만 할 뿐 조화를 이루지 못한다."

—『논어』,「자로」

공자께서 말씀하셨다. "군자는 두루두루 친하고 끼리끼리 몰려다니지 않고, 소인은 끼리끼리 몰려다니기만 할 뿐 두루두루 친하지 않다."

—『논어』,「위정」

사람들은 흔히 평범하게 사는 게 가장 행복하다고 이야기한다. 어쩌면 정말 그런지도 모른다. 돋보이지도 않고 모자라지도 않게 무난한 삶이 가장 행복한 삶이라는 옛사람들의 말은 공감이 되는 이야기 가운데 하나이기도 하다. 그렇기 때문에 '모나지 않은 무난함'이 삶의 기준이자 표준으로 작용할 때를 종종 보게 된다.

어쩌면 우리와는 다른 이들 덕분에 우리의 관계 또는 사회는 더욱 다채로운 색을 가질 수 있고, 더 아름다워질 수 있는지도 모른다. 혼자만의 개성을 가지는 것도 중요하지만, 서로 다른 개성이 어울렸을 때 더 아름다운 완성을 이룰 수 있다는 것을 가시적으로 확인한다는 점에서 공동 만다라 작업은 도움이 된다.

이 협동 만다라 작품은 개인 만다라를 완성했던 학생들이 2인 1조가 되어 완성한 작품이다. 모두 다르게 완성되었지만 개인 만다라에 비해 개성과 다양성이 상대적으로 덜하다는 것을 알 수 있다. 이는 자신의 생각을 최대한 반영하되 상대방의 의견과 생각을 고려하면서 완성했기 때문이다. '튀는' 작품은 없지만, 하나하나 조화롭게 완성된 작품을 보면서 학생들은 자기의 개성을 표현하는 동시에 조화를 이룰 수도 있다는 사실을 확인하게 된다.

인간에 대한 예의

'인간에 대한 예의'는 작가 공지영이 1994년 펴낸 소설집의 제목이다. 타인과의 좋은 관계를 유지하기 위해 지켜야 할 최소한의 예의를 '인간에 대한 예의'라고 표현할 수 있다. 인간에 대한 예의는 상대방에 대한 존중에서 비롯되고, 상대방을 배려하는 마음을 실천함으로써 표현된다.

우리 삶의 곳곳에서도 상대방에 대한 배려를 찾아볼 수 있다. 누구나 한 번쯤은 장례식장에 가 보았을 것이다. 장례식장에서 조문객들에게 대접하는 음식들을 자세히 살펴보면, 마른 음식이나 전 등 작은 음식들이 주를 이루고 있는 것을 발견하게 된다. 우리는 이러한 음식들을 입을 크게 벌리지 않고 우물거리며 먹게 되는

데, 이렇게 하는 것은 가족을 잃은 사람들의 슬픔에 동참한다는 의미를 표현하는 것이다. 입을 크게 벌려 음식 자체를 즐기는 듯한 모습이 슬픔에 잠긴 가족들에게 위로가 되지 않기 때문이다.

깊은 슬픔을 당한 사람들에게 어떤 태도를 가져야 할까. 장례와 관련된 공자의 이야기가 눈길을 끈다.

공자께서 상(喪)을 당한 사람의 곁에서 음식을 먹을 때에는 배부르게 드신 적이 없다. 공자께서는 이날(문상한 날) 곡을 하시면 노래하지 않으셨다.

— 『논어』, 「술이」

요즘 말로 표현하면, 상을 당한 사람의 곁에서 음식을 먹을 때에는 음식을 즐기면서 배부르게 먹지 않고, 죽은 사람을 위해 슬픔의 곡을 했다면 최소한 그날만큼은 노래방에 가 흥겨운 노래를 부르면서 즐기지 않았다는 이야기이다.

물론 내가 당한 일이 아니기 때문에 그 사람의 마음을 완전하게 이해하는 것은 거의 불가능하다. 그러나 공자가 말하려는 것은 상대방을 이해하려는 최소한의 노력과 실천, 상대방을 위한 작은 배려이다.

다음 그림은 지하철에서 흔히 확인할 수 있다. 몸에 장애가 있거나 아이를 가졌거나 누구나 겪는 노화 현상을 겪고 있어서 남

들보다 더 불편할 수 있는 이들에게 최소한의 편의를 제공해 주자는 제안이다. 누구나 몸이 아플 수 있고, 그 누구도 노화(老化)라는 자연현상을 비껴갈 수는 없다. 누구나 그런 상황이 될 수 있기 때문에 그들을 위해 잠시의 편의를 양보하자는 생각은 우리나라뿐만 아니라 다른 문화권에서도 종종 발견된다. 이러한 실천은 동정이 아니라 타인에 대한 배려이다.

지하철의 장애인·노약자·임산부 좌석

배려는 인간관계를 더욱 매끄럽게 만들어 주는 덕목이다. 배려는 "도와주거나 보살펴 주려고 마음을 쓰는 것"이라는 의미를 가지고 있다. 어떻게 하는 것이 남을 도와주고 보살펴 주는 것일까. 사람마다 주어진 조건과 상황은 다를 수밖에 없다. 진정한 배려는 내 입장에서 상황을 해석하는 것이 아니라, 우선 다른 사람의 입장에서 생각한다는 의미를 내포한다고 할 수 있다.

남을 판단하기는 쉬워도 이해하기는 쉽지 않다. 이해한다 하더라도 완전히 이해하는 것은 거의 불가능하다. 그렇다고 해서 타인에 대한 이해를 포기할 수는 없다. 나도 누군가에게는 타인일 뿐이기 때문이다.

이웃 돌아보기

타인, 즉 나의 이웃과 어떻게 살아가야 하는가의 문제는 행복과 직결된다. 아리스토텔레스가 말한 것처럼 인간은 결코 '사회적 존재'를 벗어나 살아갈 수 없으니 말이다. 그런데 자신들의 행복에 골몰한 나머지 남의 행복은 미처 돌아보지 못하는 사람들도 있다. 어쩌면 그런 사람들이 대부분일지 모른다. 그래서 사람들은 타인의 행복과 불행에 관심을 가지고 실천한 사람들에게 최고의 찬사를 보내는가 보다.

셰익스피어 다음으로 많이 읽히는 아일랜드 출신 작가 오스카 와일드(Oscar Wilde)의 〈행복한 왕자〉(The Happy Prince)는 이미 오래전에 우리말로도 번역되어 읽히고 있다. 눈에 띄는 특별한 줄거리가 없는 이 동화가 고전이 된 것은 이야기가 주는 감동 덕분이다.

행복한 왕자

낮이면 친구들과 정원에서 어울리고 밤이면 무도회를 열어 즐겼던 왕자는 죽어서 동상으로 만들어졌고, 생전의 부귀영화를 말해 주듯 몸은 금박으로 입혀져 도시의 광장 한가운데 세워졌다. 사람들은 각종 보석이 박힌 왕관에 번쩍이는 황금 몸을 한 그 동상을 '행복한 왕자'라고 불렀다.

겨울을 나기 위해 이집트로 날아가다가 잠시 쉴 곳을 찾던 제비가 마침 행복한 왕자 동상을 발견했다. 제비는 늠름해 보일 뿐만 아니라 온몸이 황금으로 된 왕자의 동상이 맘에 들었다. 잠을 자려는 순간 물방울이 떨어졌고, 제비는 곧 그 물방울이 왕자의 눈물이라는 걸 알았다.

"당신은 누구세요?"

"나는 행복한 왕자란다."

"그런데 왜 울고 있는 거죠?"

"내가 살아서 인간의 심장을 갖고 있었을 때는 눈물이 뭔지 몰랐어. 슬픔이 발을 들여 놓을 수 없는 궁전에서 살았거든. 낮이면 친구들과 정원에서 놀고 밤이면 대연회장에서 무도회를 즐겼어. 신하들은 나를 행복한 왕자라고 불렀고, 실제로 나는 정말 행복했고, 그렇게 살다가 죽었어. 사람들은 나를 동상으로 만들어 이렇게 높은 곳에다 세워 뒀어. 나는 이 도시의 추악함과 불행을 모조리 보게 되었지. 내 심장이 비록 납으로 만들어졌다지만 눈물을 흘리지 않을 수 없단다."

눈물을 흘리던 왕자는 제비에게 부탁했다.

"저기 좁은 골목에 허름한 집이 하나 있어. 열려 있는 창문으로 식탁에 앉은 여인이 보이지? 삯바느질을 해서 먹고사는 그녀는 늘 피곤한 데다가 빨갛게 튼 손은 바늘에 찔려 상처투성이란다. 고열에 시달리는 아들이 오렌지가 먹고 싶다고 보채지만, 여인은 강물을 떠다 주는 것밖에는 아무것도 해 줄 수가 없어. 그래서 아이가 울고 있는 거야. 귀여운 제비야, 내 칼자루에 박힌 루비를 떼어다가 그 여인에게 가져다줄 수 있겠니? 보다시피 난 움직일 수가 없구나."

제비는 이집트로 가야 한다고 거절했지만, 가슴 아파하며 간곡히 부탁하는 왕자의 청을 거절할 수 없었다. 제비는 왕자의 부탁을 들어주었다. 제비는 추운 겨울이 왔지만 왕자의 청을 거절하지 못하고, 왕자의 몸에 박힌 보석들을 하나하나 떼어 내 가난한 사람들에게 나누어 주고, 결국에는 두 눈에 박힌 사파이어도 돈이 필요한 사람에게 나누어 주었다. 두 눈이 없어 이제 아무것도 볼 수 없는 왕자를 차마 떠나지 못했던 제비는 도시를 날아다니며 기이한 이야기를 들려주었다. 왕자는 사람들의 이야기만큼 신비스러운 것은 없다며 좁고 비탈진 골목에 사는 사람들의 이야기를 들려 달라고 했다. 가난한 사람들의 이야기를 들은 왕자는, 비록 몸에 보석이 하나도 남아 있지 않았지만 몸의 금박을 벗겨 사람들에게 나누어 달라고 부탁했고, 제비는 그 부탁을 들어주었다. 온몸이 황금으로 빛나던 왕자의 몸은 군데군데 칠이 벗겨진 흉물스러운 동상이 되고 말았다.

추운 겨울이 왔지만 제비는 왕자의 곁을 떠날 수 없었다. 이미 왕자를 사랑하고 있었기 때문이다. 너무 추워 날개를 파닥일 힘도 없는 제비는 왕자에게 마지막 인사를 했다.

"안녕히 계세요, 나의 행복한 왕자님."

"네가 이집트에 가게 되어 다행이구나. 너는 여기 너무 오래 있었어. 사랑하는 제비야, 마지막으로 나에게 입맞춤을 해 다오."

"전 이집트로 가는 게 아니에요. 죽음의 집으로 간답니다."

제비는 행복한 왕자에게 마지막 인사를 하고 왕자의 발치에 떨어져 죽었다. 그 순간 동상 안에서 무언가 깨지면서 갈라지는 듯한 소리가 들렸다. 무엇보다 단단했던 왕자의 납 심장이 깨진 것이다.

어느 날 왕자의 동상 앞을 지나던 시장이 초라해진 왕자의 몰골을 보고는 동상을 없애자고 건의했다. 시장의 비위를 맞추기에 여념이 없던 시의원들은 하나같이 동상을 없애자는 의견에 동의했고 결국 그들은 행복한 왕자를 용광로에 넣어 녹였다. 왕자의 동상을 녹이던 주물 제조업자가 말했다.

"참 이상하네. 깨진 납 심장이 용광로 속에서도 전혀 녹지 않잖아. 할 수 없이 갖다 버릴 수밖에 없겠군."

사람들은 죽은 제비가 들어 있는 쓰레기 더미에 녹지 않는 납 심장을 던져 버렸다. 그날 신이 한 천사에게 말했다.

"저 도시에서 가장 귀중한 것을 두 가지만 찾아오너라."

그러자 천사는 납 심장과 죽은 제비를 가져왔다.

비록 인간의 심장을 가지고 있었지만 아무런 걱정도 근심도 없었던 행복한 왕자는 죽은 뒤에야 불행하고 가난한 사람들을 보게 되었다. 그의 심장은 이미 살아 있는 것이 아닌, 차갑고 딱딱한 납으로 만들어진 것이었지만 납 심장을 가진 후에야 왕자는 사람들의 슬픔을 이해할 수 있었다. 살아 있을 때도 흘려 보지 못한 뜨거운 눈물을, 납 심장을 가진 동상이 되어서야 비로소 흘릴 수 있었다.

오스카 와일드는 독자들에게 과연 누가 '행복한 왕자'일까 하는 질문을 던진다. 인간의 심장을 가지고 온갖 즐거움을 누리는 궁전

속의 왕자인가 아니면 납 심장을 가진 동상 속의 왕자인가.

결국 아무것도 가지지 못한 채 용광로에 버려졌지만, '행복한 왕
자'는 사람들의 마음에 살아 있다. 행복한 왕자는 오스카 와일드
의 동화에만 있는 것이 아니다. 타인을 위해 기꺼이 자신을 희생할
줄 알았던 나이팅게일, 마더 테레사 수녀, 마틴 루서 킹, 그들의 이
름만으로도 사람들의 마음이 따뜻해진다.

(질문) 우리가 생각하는 조화로운 삶은 무엇일까요? 우리의 삶 속에서 조화로운 삶을 이루는 방법을 고민해 볼까요?

남과 겉으로만 어울리는 사람이 아니라, 마음으로도 어울리는 사람

왕따를 만들지 않고 친구들과 재미있게 노는 사람

인종차별을 하지 않는 사람

친구들과 같은 필통을 사고, 다른 필통이 있는 아이를 왕따시키지 않는 사람

서로 다른 사람이 어울려 아름다운 무늬를 만들어 낸 것처럼 '다름'의 차이를 인정하는 것은 나를 부정하는 것과 동의어가 아니다. 편견과 차별에 대한 문학 이야기와 역사 속 사례를 통해 알게 된 것처럼 편견은 머릿속에 남아 있는 추상적인 것이 아니라, 삶 속에서 '차별'이라는 구체적인 현상으로 드러나는 '현실'이다.

어렸을 때부터 흔히 듣는 속담 가운데 하나가 "뿌린 대로 거둔다"이다. 뿌린 대로 거두는 것은 우리의 성적이나 실력 배양에 국한되는 것이 아니라, 타인을 향한 시선, 눈초리, 마음처럼 보이지 않는 것들도 포함한다. 우리의 삶이 성적이나 자격증에 일희일비(一喜一悲)하는

성질의 것이 아니라면, 우리는 과연 '삶'이라는 밭에 어떤 것을 뿌리고
거두어야 할지 보다 깊은 고민이 필요해 보인다.

생태와 이루는 조화

인류는 그동안 모든 생명체 가운데 인간만이 위대하기 때문에 다른 생명체는 언제든 인간을 위해 희생되어도 좋다고 묵인해 왔다. 온갖 개발의 미명을 쓴 채 진행되어 온 파괴와 폭력의 역사는 우리 주변 곳곳에서 어렵지 않게 발견된다. 인간은 만물의 영장이 아니라 만물의 적이 되었다. 상황이 이렇다 보니, 요즘 가장 떠오르는 화두가 '환경'이다. 우리가 지금껏 관심을 가지지 않았던 존재에 대한 따뜻한 시선, 늦기는 했지만 꼭 필요한 관심이기에 반갑다.

환경문제는 내가 아닌, 나를 둘러싼 다른 것에 대한 관심에서 기원한다. 사실 따지고 보면 이것도 지극히 인간 중심적 사고에서 비롯되었다. 언제나 그 자리에 있으면서 무한정한 자원을 공급할 것 같았던 자연이 황폐화되고 '자연의 역습'이라 불릴 만한 사건들이 속속 일어나기 시작하면서, 비로소 환경과 생태에 관한 관심이 생겨났기 때문이다. 사실 이는 어찌 보면 당연한 귀결일 것이다. 자연을 우리는 그저 명사로만 인식하고, 스스로[自] 그러하다[然]는 동사적 의미는 잊고 살아왔을 뿐일 테니.

우리는 그간 '인권'에 관한 숱한 이야기를 해왔다. 인간으로 태어났으면 누구나 가져야 하는 평등하고 소중한 권리라는 점에서 인권은 무엇과도 바꿀 수 없는 것으로 인식되곤 했다. 그런데 인간만이 권리를 가진 것일까? 동물의 권리인 동물권, 식물의 권리인 식물권은 없는 것일까? 인간도 동물이라는 점에서 '동물권'은 사전에도 등재되어 있지만, 식물에 대한 권리인 '식물권'에 대한 용어는 좀처럼 찾아보기 어렵다. 권리라는 것이 "어떤 일을 행하거나 타인에 대하여 당연히 요구할 수 있는 힘이나 자격"이라고 정의되어 있는 만큼, 의사 표현이 거의 불가능해 보이는 식물에게 이러한 권리가 있을 거라고 생각하기 어렵다.

그렇다 하더라도 식물도 우리와 같은 생명체임을 상기할 필요가 있다. 식물이 단순히 우리에게 먹을거리와 신선한 공기를 제공하기 위해 존재하는 것만은 아니기 때문이다. 동물도, 나무도, 심지어 우리 눈에 보이지 않거나 평생 한 번도 만날 가능성이 없는 다른 생명체도 인간만을 위해 존재하는 것은 아니다. 그들은 존재 이유가 있기 때문에 존재한다. 그렇기에 우리는 우리의 시선을 보다 확대할 필요가 있다. 그저 자연이 아닌 생태라는 거대한 관계망에 대해서 말이다.

이쯤에서 고대 중국의 철학자 장주(莊周, 장자)가 떠오른다. 장자가 환경의 소중함, 환경 보호 등에 대해 이야기한 것은 아니지만, 그는 모든 생명체가 동일한 가치를 지녔다고 인정했다는 점에서 주목할 만하다. 『장자』에서도 중요하게 다루어지는 '제물론'(齊物論)이 대표적이다.

장자는 비유를 들어 이야기하기를 좋아했다. 이야기의 주인공에는 사람뿐만 아니라 동물, 식물 등 생명을 가진 모든 것이 포함되었다. 장자는 '제물론'에서 어떤 것이 편안한 집이고, 어떤 것이 맛있는 음식이며, 또 아름다움이 무엇인지를 묻는다. 세상에는 다양한 집이 있다. 추운 지역 사람들은 벽을 낮게 하여 찬바람이 들어오는 것을 막고, 뱀과 벌레가 넘쳐나는 덥고 습한 지역 사람들은 지상으로부터 높이 떨어진 곳에 집을 지어 스스로를 보호한다. 흙과 나무가 없이 눈과 얼음뿐인 곳에 사는 에스키모인들은 눈과 얼음만으로 집을 짓고, 많은 사람들이 밀집해 있는 도시에서는 아파트를 지어 좁은 공간을 최대한 활용한다. 그런데 이런 방식은 인간에게만 적용되는 것일까? 장자는 인간이 아닌 다른 동물들의 '집'에 관해 이야기하면서 시야를 넓혀 준다.

자네에게 묻겠네. 사람이 습지에서 자면 허리가 아프고 반신불수가 되겠지. 미꾸라지도 그럴까? 사람이 나무 위에서 산다면 겁이 나서 떨 수밖에 없을 것일세. 원숭이도 그럴까? 이 셋 중에서 어느 쪽이 거처에 대해 바르게 안 것일까?

사람은 고기를 먹고, 사슴은 풀을 먹고, 지네는 뱀을 달게 먹고, 올빼미는 쥐를 좋다고 먹지. 이 넷 중에서 어느 쪽이 맛을 바르게 안다고 할 수 있겠는가?

원숭이는 비슷한 원숭이와 짝을 맺고, 순록은 사슴과 사귀고, 미꾸라지는 물고기와 놀지 않는가? 모장(毛嬙)이나 여희는 남자들이 모두 아름답다고 하지만, 물고기는 보자마자 물속 깊이 들어가 숨고, 새는 보자마자 높이 날아가 버리고, 사슴은 보자마자 급히 도망가 버린다. 이 넷 중에서 어느 쪽이 아름다움을 바르게 안다고 하겠는가?

세상의 모든 동물에게 집이 있지만, 그 집은 모두 다를 수 있다. 이것은 옳고 그름의 문제가 아니라 그저 '다름'의 문제일 뿐이다. 또 사람들이 혐오하거나 무서워하는 뱀이나 쥐도 어떤 동물에게는 맛있는 음식이 될 수도 있고, 세상에서 가장 아름다운 미인도 동물에게는 두려움의 대상일 뿐이다.

어린아이라도 쉽게 공감할 수 있을 법한 이 우화는 각기 다른 동물들의 시선을 빌려 인간들이 가진 생각의 협소함을 꼬집는다. 인간관계에서 그토록 강조되는 '역지사지'(易地思之)는 단순히 인간관계에 그치지 않고 모든 관계에서 필요하다. 사람과 마찬가지로 모든 동물도 안전하고 행복하게 살 권리가 있으며, 풀 한 포기, 나무 한 그루도 존재할 이유와 가치가 있다. 동물원이나 식물원이 아닌 그들이 원하는 곳에서.

'우리'의 범주

한때 '개발'은 우리의 미래를 담보해 줄 것처럼 보였다. 땅은 파헤쳐지고 나무는 뿌리째 뽑혔으며 동물들은 자신의 집을 잃었던 때가 있었다. 그들을 희생시킨 덕분에 사람들은 살 집과 먹을 것, 입을 것을 넘치도록 가질 수 있었다. 그렇기 때문에 개발은 좋은 것, 선한 것이었고, 때로 장밋빛 미래와 동의어로 이해되기도 했다.

그때 더 멀리 바라보아야 한다고 주장하던 사람이 있었다. 인문학적 시선을 가진 애니메이션 감독 미야자키 하야오가 바로 그 사람이다. 모든 시선이 인간의 풍요와 번영을 향해 있을 때 그는 〈바람 계곡의 나우시카〉(1984)를 제작해 목소리를 냈다. '항상 더 많이'라고 외치면서 앞으로만 질주해 온 우리에게 하야오의 이 영화는 윤리, 정의 그리고 지속 가능한 균형의 문제를 상기하는 데 중요한 시사점을 제공한다.

영화의 내용은 공상과학영화에서 흔히 볼 수 있는 이야기로 시작된다. '불의 7일'이라고 불린 전쟁으로 거대 산업 문명이 붕괴한 후, 그 땅은 온갖 산업폐기물로 덮여 인간이 살 수 없는 썩어 버린 땅 부해(腐海)로 변했다. 마스크를 쓰지 않으면 잠시라도 살 수 없는 부해는 기이한 곤충들만이 살 수 있는데, 이 땅은 점점 넓어져 얼마 남지 않은 인간의 영역까지도 서서히 잠식해 가고 있었다. 동물과 식물들의 땅을 무분별하게 파헤치던 과거와 상황이 완전히 역전된 것이다. 바닷가에서 불어오는 바람 덕분에 간신히 유지되고 있는 바람 계곡은 인간이 이전의 방식대로 살아갈 수 있는 유일한 곳이다.

지구에 살고 있는 인간들의 꿈은 동일하다. 부해를 없애고 새로운 낙원을 건설하는 것이 그것이다. 여주인공인 어린 소녀 나우시카는 부해가 생겨난 원인을 찾기 위해 마스크를 쓰고 부해를 누비고, 또 다른 주인공 크샤나는 부해를 완전히 불태워 버릴 야심찬 계획을 세운다. 그들은 '모두가 살 수 있는 행복한 공간'이라는 동일한 목표를 지향하고 있지만, 서로 다른 시선과 해결책을 갖고 있다. 영화는 바로 이 지점에서 출발한다.

부해에는 사람보다 더 큰 애벌레와 무서운 기세로 날아다니는 날벌레, 집보다 훨씬 커다란 오무 등이 살아가는 공간이다. 미야자키 하야오는 비정상적으로 보이는 이러한 곤충들이 환경의 비정상적 변화로 만들어진 결과라는 것을 말하고 싶었던 걸까. 영화 속 곤충들은 우리 주변에서 볼 수 있는 애벌레, 잠자리와 비슷하지만 사랑스러워 보이지 않는다. 그런데 어린 소년 나우시카는 부단히 말을 걸고 무기가 아닌 충적(蟲笛, 벌레 피리)으로 이들과 소통하기 위해 끊임없이 시도한다.

문명화, 발전, 장밋빛 미래를 꿈꾸던 시대에 자연 파괴, 에너지 소비, 환경오염 등의 문제를 한발 앞서 생각했다는 것도 신선하거니와, 개발에 대한 욕심을 덜어 낸 고전적 삶을 그 대안으로 제시하고 있다는 점도 놀랍다. 전례 없던 심각한 위험이 생겨나고 그 위험으로 말미암아 지구라는 행성이 더 이상 인간이 살 수 없는 곳처럼 변모하여 인류가 종말에 처할 수 있다는 우려가 점점 커지고 있는 '지금, 여기'에서 하야오의 문제 제기와 해법은 큰 교훈을 준다.

몸은 거대해졌지만 인간과 곤충의 의사소통은 결코 쉬워 보이지 않는다. 같은 생명체가 아니라 열등한 존재로 대하는 순간 그들과의 교감은 불가능해질 것이다. 이들과의 교감을 시도조차 해보지 않았던 크샤나에게는 이들이 고작 이용 대상, 처치 대상이 되었던 것이 어쩌면 당연할지도 모른다. 오무를 그저 부해에 사는 벌레로 취급했던 크샤나와 도시국가 페지테는 오무를 이용해 자신의 목적을 달성하려는 것을 좋은 전략이라고 여기고 그 생각을 과감하게 행동으로 옮겼다.

오무가 죽음을 무릅쓰고 부해로 질주하자, 다른 선택이 없었던 나우시카는 분노한 오무의 무리를 진정시키기 위해 기꺼이 위험을 감수하고 오무의 무리로 뛰어든다. 나우시카의 진심 어린 행동은 헛되지 않아 오무는 드디어 진정되고, 결국 바람 계곡과 사람들에게 평화를 가져다주었다는 해피엔드로 마무리된다. 나우시카와 오무는 언어로 소통하지는 못했지만, 진정성이라는 가장 내밀한 언어로 교감할 수 있었다. 어린 소녀 나우시카의 실천은 부패한 땅을 없애려고만 하지 않고 원인을 찾아 해결하려고 했다는 점에서, 또 폭력을 폭력으로 대처하지 않고 비폭력적인 다른 대안을 찾아 보려고 했다는 점에서 마틴 루서 킹의 '비폭력적 저항'과 오버랩된다.

영화 속의 크샤나가 그랬던 것처럼 폭력을 폭력으로 차단하는 방법은 때로 매우 효율적으로 보인다. 그러나 숱한 역사적 사례에서 확인할 수 있듯이 이는 임시방편에 불과하다. 누군가 먼저 손해를 감수하면서라도 포기하지 않으면 폭력의 고리는 영원히 끊어지지 않을 것이다.

영화 속의 나우시카와 크샤나가 원하는 세상은 모두가 평화롭고 행복한 세상이었다. 나우시카와 크샤나의 가장 큰 차이는 그들이 가진 시선이다. 차이점이 있다면 '우리'에 대한 범주일 것이다. 크샤나에게는 자신과 주변의 몇 사람들이었다면 나우시카에게 '우리'란 나와 주변, 더 나아가 내가 알지 못했던 사람과 동물, 식물들이 모두 포함된 포괄적인 것이었다. 따라서 나우시카는 기꺼이 오무의 입장에 설 수도 있게 되었던 것이다. 미야자키 하야오는 "시점을 바꾸면 세계는 좀 더 유연해지고, 받아들이는 사람에 따라서 갖가지 모습을 보여 준다는 것을 알게 된다"(1989)고 했다.

장자가 그랬던 것처럼, 영화 속 나우시카가 그랬던 것처럼 '우리'라는 말의 범주에 대해 고민할 필요가 있다. 내가 누군가를 이해하지 않으면, 나도 이해받지 못한다. 세상을 관통하는 단순한 진리, 어쩌면 세상의 진리는 새털처럼 가벼운 것인지도 모른다.

내 삶의 '영웅' 되기

동화나 영화의 영원한 주제 가운데 하나
는 바로 '영웅' 이야기이다. 세상에는 수많은 영웅이 있다. 지구를
구하는 영웅, 악당을 물리치는 영웅, 불의에 굴복하지 않고 승리를
쟁취하는 영웅. 슈퍼맨, 스파이더맨, 배트맨 등 영웅의 이야기는 언
제 어디서 들어도 질리지 않는다. 늘 반복되는 이야기임에도 사람
들을 전율시키는 것은, 그들에게 주어진 고난이 사람들이 겪어야
할 고난과 어려움을 상기시키고, 그들이 얻은 승리가 사람들에게
'희망'을 선사해 주기 때문이다.

우리 신화에도 영웅신화라 할 만한 이야기가 있다. 환영받지 못
하는 일곱째 공주로 태어나 결국 버려진 한 소녀 '바리 공주'의 이
야기이다.

바리, 일곱째 공주로 태어나다

옛날 불라국이라는 곳에 오구 대왕이 살고 있었다. 오구 대왕은
인물과 재주가 뛰어난 젊은이로, 나이가 차자 아내를 맞이하기 위
해 온 세상을 찾아다닌다. 오구 대왕의 노력은 헛되지 않아, 어여
쁜 길대를 만나게 되었다.

길대에게 마음을 빼앗긴 오구 대왕이 혼인을 서두르지만, 택일을 맡은 갈이 박사가 1년 뒤가 더욱 길하다며 혼인을 미루라고 한다. 그러나 하루라도 빨리 길대와 함께 있고 싶었던 오구 대왕은 그 말을 무시하고 혼례를 치렀다.

혼인하고 얼마 뒤, 길대 부인은 이상한 꿈을 꾸었다. 품 안에 달이 보이고 오른손에는 푸른 복사꽃 한 가지를 꺾어 든 꿈이었다. 이 꿈을 꾼 지 열 달 만에 길대 부인은 귀여운 딸을 낳았다. 내심 아들을 바랐기에 서운한 마음도 있었지만, 아직 그들의 나이도 젊고 아이는 또 낳을 수 있다고 위안을 삼았다. 이런 오구 대왕의 마음을 위로하듯, 길대 부인이 둘째 아이를 낳았으나 또 딸이었다. 더욱 기가 막힌 것은 셋째, 넷째 계속해서 딸만 태어나는 것이었다. 여섯째 아이까지 내리 딸이었다. 아들을 기다리는 오구 대왕의 마음은 타들어 가는 듯했고, 대를 이을 아들이 태어나지 않으면 어쩌나 하는 생각에 걱정도 날로 깊어 갔다.

어느 날 밤 길대 부인은 또 꿈을 꾸었다. 꿈에서 본 것은 이전의 태몽과 달랐다. 궁궐 대들보에 청룡과 황룡이 엉겨 있고 오른손에는 보라매, 왼손에는 백마를 받았으며 양 어깨에 해와 달이 돋아 보였다. 태몽 이야기를 들은 오구 대왕은 이제야 아들을 보게 되었다며 크게 기뻐했다. 아직 태어나지도 않은 왕자를 맞을 기쁨에 들뜬 오구 대왕은 옥문을 열어 나라의 죄인들을 다 풀어 주기까지 했다.

드디어 열 달이 지나 길대 부인이 일곱째 아이를 낳았으나 이번에도 아들이 아니라 딸이었다. 화가 난 오구 대왕은 일곱째 공주의 얼굴은 보지도 않은 채, 함에 넣어 바다에 버리라고 명령을 내렸다.

운명의 장난이었을까. 불교에서는 '인과응보'를 말하지만 바리 공주가 버려진 것은 자신의 잘못 때문이 아니었다. 바리 공주의 입장에서 본다면 일곱째 딸로 태어난 것은 자신이 의도한 일이 아니었다. 그런데도 버려져야 하다니.

바리, 버려지다

화가 난 오구 대왕과 달리 일곱째 공주에 대한 길대 부인의 마음은 다른 공주를 대하는 마음과 같았다. 그러나 오구 대왕의 화를 누그러뜨릴 수는 없었다. 길대 부인은 울면서 '바리'라는 이름을 지어 주고 이름과 생년월일을 적은 옷가지들을 함에 넣어 바다에 띄워 보내게 했다. 바리를 떠나보낸 길대 부인은 눈물로 나날을 보냈다.

한편 오구 대왕의 명령으로 바다에 던져진 함은 바다에 가라앉지도 않고 몇 날 며칠을 흘러 마침내 한 마을에 닿았다. 함을 발견한 사람은 평생 아이도 없이 가난하게 살아온 노부부인 비리공덕

할아비와 비리공덕 할미였다. 노부부는 함을 열자 갓난아이 하나
가 누워 있는 것을 보고 소스라치게 놀랐다. 아이가 죽지 않았다
는 것을 알게 되자, 이들은 하늘이 주신 선물이라고 생각하고 아
이를 데려다 애지중지 키웠다.

바리는 노부부의 관심과 사랑 속에 무럭무럭 자랐다. 그러나 자
라면서 바리는 자신이 친구들과 무언가 다르다는 사실을 깨닫고
할아비와 할미에게 이유를 물었다. 바리가 커 가면서 사실을 숨길
수 없다고 생각한 노부부는 자초지종을 얘기해 주고, 함에 들어
있던 옷가지를 보여 주었다. 지금까지 친구들과 조금 다를 뿐이라
고 생각했던 바리는 자신이 버려졌다는 사실을 알게 되자 슬프게
울었다.

부모와의 재회

한편 바리를 매몰차게 버린 아버지 오구 대왕은 바리를 버린 후
부터 이름 모를 병에 걸려 시름시름 앓았다. 좋다는 약은 다 쓰고
세상의 명의들이 차례로 불려 와 치료했으나, 오구 대왕의 병에는
차도가 없었다.

그러던 어느 날 한 스님이 지나가면서 "오구 대왕의 병은 일곱
째 공주를 버린 죄로 하늘이 벌을 내리신 것입니다. 왜 일곱째 공

주를 찾지 않으십니까? 오구 대왕의 병은 서천서역을 지나 저승 깊은 곳 동대산 동수자의 약수가 없으면 나을 수 없습니다."라고 말하고는 홀연히 사라졌다.

길대 부인은 막내 공주 바리가 살아 있다는 말과, 오구 대왕의 병을 치료할 수 있는 방법이 있다는 이야기를 듣고 기뻐했으나, 기쁨은 오래가지 않았다. 바리 공주가 어디에 있는지조차 알 수 없는 데다, 바리 공주를 찾는다 하더라도 한때 자신들이 버린 아이에게 차마 서천서역까지 가 달라고 할 수는 없는 노릇이었기 때문이다. 마음이 다급해진 길대 부인은 금이야 옥이야 키운 여섯 딸들에게 동대산 동수자의 약수를 구해 오라고 말했으나 여섯 공주는 "궁궐 밖에도 나가 보지 못했는데, 어떻게 서천서역 저승길을 가겠습니까?"라며 매몰차게 거부했다.

이런 모습을 지켜보던 시종 하나가 바리를 찾아오겠다며 길을 나섰다. 이런 시종의 마음을 하늘이 알아주었기 때문인지 시종은 마침내 비리공덕 할아비와 비리공덕 할미 그리고 함께 살고 있던 바리 공주를 찾아낼 수 있었다.

다시 궁궐로 돌아와 꿈에도 그리던 부모와 재회했지만, 나라는 이미 오구 대왕의 오랜 병 때문에 시름이 깊어져 있었다. 병석에서 일어나지 못하는 아버지 오구 대왕을 보자, 바리 공주는 힘들더라도 저승에 있는 약수를 구해 오기로 결심했다.

저승까지의 먼 길

바리가 가야 할 길은 너무나도 멀었다. 바리는 넘어지고 다시 일어나기를 반복하면서 저승의 약수를 구하기 위해 걸음을 멈추지 않았다. 손발이 덤불에 긁히고 옷은 해진 채로 길을 걷다가, 혼자 밭을 갈고 있는 백발노인을 보게 되었다. 바리는 반가운 마음에 서천서역 저승으로 가는 길을 묻는데, 할아버지는 일하는 게 보이지 않느냐며 버럭 화를 내고는, 밭을 갈아 주면 알려 주겠다고 하더니 나무 아래로 가서 잠을 자기 시작했다. 쟁기를 손에 쥔 바리가 밭을 갈려고 하자 하늘에서 많은 짐승들이 내려와 밭을 갈아 주고 흔적도 없이 사라졌다. 잠에서 깨어난 할아버지가 말했다.

"착한 아이로구나. 서천서역국으로 가려면 높은 산을 넘어 넓은 들을 지나 왼쪽 길로 가거라."

바리는 노인이 가르쳐 주는 길로 걸음을 재촉했다. 한참을 가다 보니 갈림길이 보였다. 어느 길로 가야 할지 몰라 망설이고 있는데, 빨래하는 할머니가 눈에 들어왔다. 바리가 서천서역국으로 가는 길을 묻자 할머니는 "빨래하기도 바쁜데 왜 자꾸 말을 거는 게냐?"라며 화를 냈다. 바리는 할머니의 빨래를 받아 들었다. 그러자 할머니는 볕이 잘 드는 곳으로 옮겨 잠을 자기 시작했다. 바리가 빨래를 다 하고 할머니를 깨우려고 하는데, 할머니 몸에서 이가 기어 다니는 게 보였다. 바리는 할머니의 이도 다 잡아 주었다. 잠에서 깨어난 할머니가 말했다.

"착한 아이로구나. 서천서역으로 가는 길을 알려 주마. 저 길을 따라 곧장 가다가 열두 고개를 건너가면 나루터가 나오는데, 거기서 배를 타고 가거라."

원래 천태산의 마고할미였던 할머니는 빨래를 해 주고 이를 잡아 줘서 고맙다며 세 가지 색 꽃이 핀 꽃가지와 금빛 방울을 건네주면서 어려운 일이 생기면 쓰라고 했다. 바리는 꽃가지와 방울을 들고 험한 열두 고개를 울면서 지났다. 고개를 지나자 누런 물결이 넘실대는 황천수가 나왔다. 나루터를 찾아가 태워 달라고 했으나, 나루지기는 인간이 올 데가 아니라며 거절했다. 그러다 바리가 손에 든 꽃가지를 보자 얼른 배에 태워 저승으로 건네주었다. 알고 보니 마고할미가 준 세 가지 색 꽃가지는 신(神)임을 증명하는 표시였던 것이다.

산 사람은 갈 수 없었던 저승까지 가는 길이 결코 수월하지는 않았다. 바리 공주가 울면서 건너간 여러 고개는 사람들이 밟아 올라가는 인생의 과정과도 비슷하다. 한 고비를 넘기면 끝날 것 같지만 새로운 단계가 펼쳐지고, 이 단계는 무한히 반복된다.

저승의 문턱에서

배에서 내려 한참을 걷다 보니 온통 붉은색 물이 펼쳐져 있었다. 물은 손을 델 정도로 뜨거웠다. 바리는 물을 건너지 못해 서성이다가 빨래하던 할머니가 준 금색 방울을 던졌다. 그러자 물 위로 무지개가 나타나, 바리는 무지개를 타고 물을 건너 마침내 동대산 동수자의 집까지 도착하게 되었다.

동대산 동수자는 원래 천상의 사람이었다. 하늘에 죄를 지어 잠시 저승에 내려왔는데 죄를 씻으려면 인간 여자를 만나 아들 셋을 낳아야만 했다. 동수자는 바리를 보자 저승의 약수가 있는 곳을 알려 주겠다며, 대신 혼인하여 아들 셋을 낳아 달라고 요구했다.

아버지를 구하기 위해서 떠난 길. 저승까지 험난한 고비를 넘겨 여기까지 왔는데 포기할 수는 없는 노릇이었다. 바리는 동대산 동수자와 혼인하여 아들 셋을 낳았다. 아들 셋을 낳은 바리는 동수자에게 약속을 지켰으니 저승의 약수가 있는 곳을 가르쳐 달라고 했다. 동수자가 알려준 곳으로 가 보니, 과연 약수가 보였다. 약수를 받은 바리는 아들 셋을 업고 안고 걷게 해서 이승 땅으로 돌아가는데, 한참을 가다 보니 사람들이 두런두런 이야기하는 소리가 들렸다.

"내일 오구 대왕님 상여가 나간다는데 가 봐야겠지?"

바리는 그 얘기를 듣자 깜짝 놀랐다. 우여곡절 끝에 얻어 온 약수가 아무런 소용도 없다는 말인가? 바리는 성문 밖으로 나가는 상여를 부여잡고 울었다. 서럽게 우는 바리를 발견한 길대 부인은 바리를 기다리던 아버지가 돌아가셨다고 바리를 위로했다. 바리는 마고할미가 준 꽃으로 죽은 아버지의 몸 곳곳을 쓰다듬고 약수를 오구 대왕의 입에 흘려 넣었다. 그러자 오구 대왕이 갑자기 숨을 내쉬면서 한숨 잘 자고 일어난 얼굴로 이렇게 말했다.

"여기가 도대체 어디인데 사람들이 이렇게 많이 모여 있는가?"

길대 부인과 바리는 눈물을 흘리며 오구 대왕을 끌어안았다. 바리는 저승길에서 낳은 세 아들도 보여 주었다. 오구 대왕은 막내 공주 바리가 겪었을 고통을 생각하며 그 아이들을 품에 안았다.

아무도 가겠다고 자청하지 않았던 서천서역의 저승길로 기꺼이 떠난 바리에게 오구 대왕은 나라도 물려주고 재물도 많이 주겠다고 했다. 그러나 바리는 모두 마다했다. 저승까지 가는 길에 억울하고 슬퍼하는 영혼들을 많이 보았기 때문이다. 바리는 저승으로 들어서는 영혼들을 인도하는 일을 맡겠다고 자청했다. 그리고 버려진 바리를 잘 키워 준 비리공덕 할아비와 비리공덕 할미는 영혼의 길 안내를 맡는 신이 되어 길삯을 받으며 살게 되었다.

바리의 이야기

오구 대왕의 막내 공주로 태어난 것도, 그 때문에 버려진 것도 모두 바리의 의지와는 무관한 일이었다. 그러나 바리는 자신에게 주어진 운명을 한탄만 하지는 않았다. 누구나 한 번쯤은 "왜 하필이면 나에게!"라는 고통의 상황을 겪게 된다. 막내딸이라는 이유 하나만으로 버려지고 머나먼 저승길로 떠나야 했던 얄궂은 상황이 바리가 원하는 삶은 분명 아니었다. 게다가 바리가 저승으로 가는 길에는 끊임없이 어려움이 나타나 그녀를 더욱 힘들게 했다. 누군가 도와줄 수는 있어도 대신 가 줄 수는 없는 길. 바리는 '착한 마음'을 벗 삼아 험난한 여정을 완성한다.

세상의 모든 안락함과 부귀를 누리기보다 힘들고 고통스러운 사람들을 도와주고 싶었던 바리는 훗날 영혼을 인도하는 신이 된다. 수많은 영혼들 가운데 하나가 아니라 신이 될 수 있었던 바리. 이는 무엇을 말해 주고 있을까.

전 세계의 신화에는 영웅들이 등장한다. 지금도 사람들이 목말라 하는 영웅의 이야기, 그 갈망은 고대인도 다르지 않았기에 수많은 영웅신화가 남아 있는 것이리라. 신화 속의 영웅들은 원하든 원하지 않든 '운명'이 이끄는 여행을 시작하여 '귀환'하는 것으로 끝맺고 있다. 그것이 운명이라 할지라도 그들의 여정에는 무수히 많은 고난들이 숨어 있다. 때로는 부당해 보이지만 영웅들은 그

시련의 벽을 넘기 위해 부단히 노력한다. 어쩌면 그런 고난의 벽을 넘은 사람들만이 영웅이 되는지도 모른다.

2008년 유니세프는 〈아이티에서의 성장〉이라는 사진을 '유니세프가 선정한 올해의 사진' 수상작으로 결정했다. 콘테스트 사상 최연소 당선자인 알리스 스미츠(Alice Smeets, 벨기에)가 배경으로 잡은 곳은 아이티의 수도 포르토프랭스이다. 카리브해 연안에서 가장 가난한 나라인 아이티의 어린이들은 절반 이상이 영양실조로 제대로 성장조차 하지 못하고 있다. 벽이나 문도 제대로 갖추지 못한 집들이 즐비하게 늘어선 빈민가를 배경으로 파란 하늘이 펼쳐져 있고, 빗물과 쓰레기가 뒤엉켜 있는 곳에는 돼지들이 먹이를 찾느라 분주하다.

흰 원피스를 입은 소녀가 원피스에 더러운 물이 튈까 봐 치마를 쥐고 조심스레 물을 건너고 있다. 소녀는 그 나이 또래의 귀여움을 전해 주지 못하지만, 가느다란 두 다리를 조심조심 그러나 성큼성큼 내디디는 모습에서 이 물을 다 건너겠다는 의지만큼은 분명하게 볼 수 있다. 웃음기 없지만 야무져 보이는 소녀의 표정에서 의지가 읽힌다. 유니세프 독일위원회에서는 비참한 환경 속에 자라나는 소녀의 용기와 에너지를 잘 표현했다며 선정 이유를 밝혔다. 선정 이유에는 용기와 에너지를 끝까지 잃지 말고 성숙한 어른으로 성장해 주기를 바라는 희망도 함축되어 있을 것이다.

알리스 스미츠의 〈아이티에서의 성장〉

조심조심 걸어야 하는 물을 성큼성큼 용기를 내어 건너는 사진 속의 소녀처럼 우리 모두의 삶은 그래야 하는지도 모른다. 우리가 건너야 할 물은 생각보다 깊을 수도 있고 얕을 수도 있으며, 바닥에는 어떤 것이 있는지 전혀 보이지 않는다. 삶은 우리가 내딛는 곳이 행복의 땅인지 불행의 땅인지도 친절하게 설명해 주지 않는다. 모든 것이 모호하지만, 한 가지 분명한 것은 내 앞에 놓인 물은 나 말고 그 누구도 대신 건널 수 없다는 사실이다.

(질문) 나의 꿈을 이루기 위해 필요한 것은 무엇일까?

나 자신에 대한 믿음

포기하지 않는 마음

노력

도전 정신

희망

용기

내 꿈을 향한 열정과 끈기

미래에 대한 구체적인 계획도 중요하다. 하지만 앞으로 우리가 겪게 될 크고 작은 시련을 어떻게 극복할 수 있을지 생각하고 스스로를 단단하게 만드는 것은 더욱 중요하다. 부모님, 선생님, 많은 조언자와 조력자들이 우리의 삶에 도움을 줄 수는 있어도, 결국 삶을 살아 내야 하는 것은 '나'이기 때문이다.

공부해서 남 줘라!

공부하라는 잔소리 뒤에 어김없이 따라
붙는 수식어가 바로 "공부해서 남 주냐"는 말이다. 듣기 싫으면서
도 반박할 수 없는 것은, 공부는 누구보다도 자기 자신에게 도움
이 된다는 분명한 사실을 말하는 사람도 듣는 사람도 알고 있기
때문이다. 공부는 누구보다도 자기 자신에게 이익이 된다는 것을
강조하여 공부를 독려하는 것인데, 이런 잔소리는 동서고금을 막
론하고 공통적으로 해당되는 사항이었다.

중국에서는 황제부터 내로라하는 선비들까지 앞다투어 '학문
을 권하는 글'인 권학문(勸學文)과 노래를 지어 공부를 독려했다.
어떻게 하면 자식들이나 제자들이 열심히 공부할 수 있을까. 때로
부모님들은 좋은 장난감과 두둑한 용돈을 내놓아 성적 향상을 기
대하기도 한다. 좋은 성적이 입시와 직결되고 그것이 이후 취업 등
의 문제와 결부되면서, '좋은 성적'은 만족스러운 삶의 전제 조건
이 되었다는 발상에서 비롯된 풍경이다.

이런 사고는 고대를 살던 사람들에게도 동일하게 적용되었다.
중국 송(宋)나라의 세 번째 황제였던 진종(眞宗) 역시 '권학문'을
지었는데 그 내용이 흥미롭다.

책 속에 수레와 말이 무수히 많다

장가가고 싶은데 좋은 중매쟁이 없다고 한탄하지 말라
책 속에 옥같이 예쁜 얼굴의 여인이 있다

— 진종, 「권학문」

책 속에는 수레와 말이 많고 얼굴이 아름다운 여인도 있다는
내용은, 요즘 말로 하면 좋은 집과 좋은 차를 가질 수 있고 예쁜
여성과 결혼할 수 있다는 의미가 된다. '당근'을 제시하며 공부를
독려하는 것은 황제뿐만 아니라 선비들도 마찬가지였다. '공부'의
세계에 입문하는 순간부터 수많은 시험에 시달려야 하는 사람들
에게 적절한 보상을 제시함으로써 공부를 독려한 것이다.

그 '보상'에는 좋은 집, 좋은 차와 같이 남들에게 과시할 수 있
는 것도 있지만, 보다 더 좋은 사람이 될 수 있는 가능성도 포함하
고 있었다. 진종 황제의 여섯째 아들로 송나라의 네 번째 황제가
된 인종(仁宗)은 양적인 보상보다 질적인 보상을 말하고 있다.

내가 배움이 없는 사람을 보니
그와 비길 수 있는 것은 없는 것처럼 보인다
만약 풀과 나무에 비유한다면
풀 가운데 영지가, 나무 가운데 800년 참죽나무가 있는 것과 같고
만약 새와 짐승에 비유한다면
새 중에 봉황이 있고 짐승 중에 기린이 있는 것과 같다

— 인종, 「권학문」

인종은 공부를 안 한 사람을 평범한 새에 비유할 수 있다면 공부를 한 사람은 봉황 같은 사람이며, 공부를 안 한 사람이 평범한 풀이라면 공부를 한 사람은 800년을 산다는 참죽나무와 같다고 말했다. 물론 '평범하게 사는 것'이 가장 행복한 것이라고 반박할 수도 있겠지만, 그것이 삶의 겉모습에 그치지 않고 내면까지 포함하는 것이라면, 봉황이나 기린처럼 되는 삶도 욕심낼 만하지 않을까.

어른들은 공부하지 않는 아이들에게 흔히 "공부해서 남 주냐?" 하고 편잔을 준다. 그런데 자세히 살펴보면, 주변에서 공부해서 남 주는 사람들의 이야기들을 어렵지 않게 발견할 수 있다.

앞서 살펴본 빌 게이츠 부부가 그렇고, 마틴 루서 킹 목사도 공부해서 남 준 전형적인 사람들이다. 공부는 해서 나만 가지는 걸까? 진정한 공부는 나에게도 도움이 되고 남도 풍요롭게 하는 공부이다.

공부? 공부!

어린아이가 말을 떼고 교육을 받기 시작하면서 가장 많이 듣고 하는 말 중에 하나가 '공부'이다. "공부해라"는 얘기는 부모님이나 선생님과 분리될 수 없는 잔소리이며 약이기도 하다. 공부는 사람들의 꿈을 이루어 주는 중요한 것이기에 포기할 수 있는 성질의 것도 아니다. '의무'에 가까운 공부를 대하는 태도는 옛사람들도 마찬가지였던 것 같다.

김홍도, 〈서당〉(18세기, 국립중앙박물관 소장)

조선 시대 화가였던 김홍도가 그린 그림은 시대의 격차가 전혀 느껴지지 않는 작품이다. 스승과 여러 명의 아이들이 함께 공부하고 있는데, 한 아이는 눈물을 훔치고 있다. 숙제를 해 오지 않았거나, 집중하지 않았거나 아니면 어떤 다른 이유로 야단을 맞았나 보다. 학생을 바라보는 선생님의 표정에서 안타까움과 미안함이 묻어난다. 제자가 잘되기를 바라는 스승의 마음은 예나 지금이나 같았던 모양이다.

학교와 집에서 가장 많이 듣는 말 가운데 하나는 바로 '공부'이다. 학생은 공부를 해야 한다는 것을 알지만, 공부 얘기는 언제나 재미없고 지루하다. 공부와 관계되는 이야기들이 흔히 잔소리로 간주되는 것은 이 때문일 것이다.

사실 요즘 하는 공부는 아주 쉽거나 아주 어렵다. 어떤 사실을 암기 대상으로 인식하고 그것을 외워 답을 맞히게 된다면 그것은 아주 쉬운 문제일 수 있지만, 해당 지식을 갖추지 못했다면 아주 어려운 것이 되기 때문이다. 사정이 이렇다 보니 공부는 많은 지식을 머릿속에 넣는 것과 동의어가 되고 말았다. 이렇게 된다면, 공부는 타고난 암기력을 가진 사람에게 절대적으로 유리할 수밖에 없다.

물론 지식을 차곡차곡 쌓아야 하는 공부가 무용하다고는 할 수 없다. 실제로 우리가 어렸을 때부터 배워 온 공부는 우리의 삶을 보다 더 편리하게 만들어 준다. 옛사람들의 호기심과 탐구, 공부

덕분에 오늘날의 우리는 망원경을 만들어 멀리 있는 곳을 볼 수 있고, 배를 만들어 깊은 바다를 건너며, 비행기를 만들어 하늘을 날 수 있게 되었다.

내가 하루 종일 생각만 해 본 적이 있었지만, 차라리 잠깐 공부하는 게 나았다. 내가 까치발을 하고 멀리 바라본 적이 있었지만, 차라리 높은 곳에 올라가 바라보는 게 나았다. 높이 올라가 손짓을 하면 팔이 더 길어지는 것은 아니지만 멀리서도 볼 수 있고, 바람의 방향을 따라 소리치면 목소리가 더 커지는 것은 아니지만 더 분명하게 들린다. 수레와 말을 타면 발이 더 빨라지는 것은 아니지만 천 리 길을 갈 수 있고, 배와 노를 이용하면 물에 익숙하지 않다 하더라도 강을 건널 수 있다.

—『순자』,「권학」

이처럼 순자(荀子)는 공부를 통해서 얻을 수 있는 삶의 편안함을 긍정하며, 공부의 유용함을 인정했다. 이런 공부의 가치를 인정하는 동시에 순자는 공부에 대해 지금과는 조금 다른 견해를 피력했다. 옛사람들이 말하는 공부는 오늘날 부모님이나 선생님들이 하는 것처럼 '꼭 해야 하는 것', 심지어 날마다 해야 한다는 잔소리 섞인 말부터 시작하는 것이 사실이지만, 그 궁극적 목표는 오늘날과 다른 데가 있다. 순자는 "널리 배우고 날마다 자기에 대해 생각하고 살피면 앎이 밝아지고 행동에 허물이 없을 것"이라고 말했다.

　군자들은 "학문은 하지 않을 수가 없는 것이다"라고 말한다. 푸른 물감은 쪽에서 얻지만 쪽보다 더 파랗고, 얼음은 물로 이루어졌지만 물보다 더 차다. 나무가 곧아서 먹줄에 들어맞는다 하더라도 굽혀 수레바퀴를 만들면 굽은 자에 들어맞게 되고, 비록 바싹 마른다 하더라도 다시 펴지지 않는 것은 굽혔기 때문이다. 나무는 먹줄을 따르면 곧아지고 쇠는 숫돌에 갈면 날카로워지는 것처럼 군자도 널리 배우며 매일 자신에 대해 생각하고 살피면 앎이 밝아지고 행동에 허물이 없을 것이다.

—『순자』,「권학」

　공부의 목적은 많은 지식을 쌓는 것보다 지혜로워지는 것이고, 행동에 허물이 없도록 한다는 의미이다. 공부만 잘하면, 그래서 부와 명예를 가질 수만 있다면 삶의 도덕률쯤은 아무렇게나 무시해도 좋다고 생각하는 오늘날 다시금 되새겨 볼 만한 말이다.

　공부 좀 한다는 사람들이 앞 다투어 '권학문'을 지을 때, 당(唐)나라의 백거이(白居易) 역시 공부를 권하는 글을 썼다.

　밭이 있어도 경작하지 않으면 곳간이 비고

책이 있어도 가르치지 않으면 자식이 어리석어진다
곳간이 비면 살림이 궁핍해져 세월이 갈수록 생활은 어렵고
자손이 어리석으면 예의에 어두운 사람이 된다

— 백거이, 「권학문」

백거이는 공부를 농사에 비유하며 쉽게 설명했다. 그는 밭이 있
어도 농사짓지 않으면 곳간이 비게 되고, 곳간이 비면 결과적으로
생활이 어려워진다는 매우 현실적인 예를 들었다. 농사를 짓는 것
은 마치 자식을 키우는 것과 같은데, 자식을 제대로 가르치지 않
으면 어리석어지고 예의에도 어두워지는 사람이 된다는 논리이다.
농사를 짓는 것이 '먹고사는 것'과 직결된 매우 현실적 이유인 것
처럼, 자식을 가르치는 것도 매우 현실적인 이유가 되는 셈이다.
예의를 모르는 자손을 키우는 것은 삶에서 굶주리는 것과 마찬가
지로 절박한 문제임을 이야기하고 있다. 진정한 공부란 '사람다운
사람이 되는 공부'라는 점을 말하는가 보다. 우리는 얼마나 사람
다운 공부를 하고, 사람답게 살고 있는 것일까.

공자의 제자인 증자는 하루에 세 번 반성한다고 했다. 위대한 성인들도 반성을 한다니! 뒤집어 생각해 보면, 반성을 통한 자기 노력과 개발이 '위대한 그들'을 있게 한 것인지도 모른다. 증자는 어떤 반성을 했을까.

증자가 말했다. "나는 날마다 세 가지를 반성한다. 남을 위해 무엇을 할 때 진심으로 하지 않았나, 친구와 사귀면서 성실하지 않았나, 배운 것을 복습하지 않았나?"
– 『논어』, 「학이」

지금 들어도 쉽게 공감이 되는 이 말, 증자는 무려 2500년 전에 이 말을 했다! 그때도 사람들을 고민하게 만들었던 것은 인간관계에서의 성실함, 배우는 사람으로서 가져야 할 자세였다. 더 많은 지식을 가지는 것도 중요하지만, 복잡다단한 인간관계의 망 속에서 어떻게 살아갈 수 있을까 하는 '삶의 방식'에 대한 문제였다.

(질문) 우리는 삶의 어떤 부분을 반성해야 할까?

첫째, 친구와 왜 싸웠을까.

둘째, 부모님 말씀을 왜 안 들었을까.

셋째, 내가 왜 거짓말을 했을까.

첫째, 선생님들을 욕하지는 않았나.

둘째, 친구를 이상하게 생각하지는 않았나.

셋째, 부모님을 도와 드렸나.

첫째, 하루를 빈둥거리며 보내지는 않았나.

둘째, 사람들에게 잘못하지는 않았나.

셋째, 내 미래를 위한 노력을 안 한 것은 아닌가.

첫째, 왜 열심히 안 했을까.

둘째, 왜 웃으면서 하지 않았을까.

셋째, 왜 작은 일이라도 큰일이라고 생각하지 않았을까.

증자는 하루에 세 가지를 반성한다고 했다. 반성은 일주일 또는 한 달 단위로 하는 것이 아니라, 밥을 먹는 것처럼 날마다 해야 하고, 또 하루에도 세 번씩이나 해야 한다는 것이다. 그렇다면 왜? 반성을 통해 나의 삶이 더 나은 방향으로 나아가는 것이라면 하루라도 게을리할 수 없는 일이기 때문이다.

꼭 증자와 같은 내용으로 반성할 필요도 없고, 꼭 하루에 세 가지여야 할 필요도 없다. 반성할 내용은 누구보다 본인이 가장 잘 알고 있다. 비슷한 것 같아도 같지 않은 친구들의 대답이 그 증거이다.

모든 부모님과 선생님들은 아이들이 성숙한 어른, 꿈을 이루는 사람으로 성장하기를 바란다. 그런데 그 꿈을 가장 간절히 바라는 것은 누구보다도 바로 우리들 자신이다.

우리를 위한 공부

우리는 도대체 왜 공부하는가? 뻔한 얘기이지만 공부가 명예나 부를 얻기 위한 수단으로 인식되는 순간 공부의 대상은 도구가 되고 만다. 당연히 도구가 주는 즐거움도 한시적인 것에 불과해질 테고, 도구의 유용함이 끝나는 순간 폐기 처분될 것이다.

그러나 사람을 사람답게 만드는 공부, 예의를 가르치는 공부는 용도 폐기되지 않는다. 사람답게 된다는 것, 예의를 안다는 것은 지식에서 그치는 문제가 아니기 때문이다. 삶에서 무수히 반복되고 실천됨으로써 몸에 깊이 배인 '사람다움'의 공부는 시간이 지날수록 오히려 빛을 발하는, 용도가 무한히 배가되는 공부이다. 그렇기에 사람다운 공부는 새로운 관계를 형성하는 데도 도움을 준다.

허균(許筠)이 지은 '배움이란 무엇인가'(學論)는 우리가 하는 공부란 과연 무엇인가를 고민하는 데 좋은 길잡이가 되어 준다.

공부해서 남 줘라

허균의 글을 찬찬히 읽고 있노라면, 스스로에게 자연스럽게 공부란 무엇일까를 묻게 된다. 그의 배움이란 무엇인가를 꼼꼼히 읽으면서, 그의 공부를 따라가 보자.

옛날 배우는 사람들이 오직 자기 자신만을 잘 건사하려고 했던 것은 아니다. 대개 이치를 궁구하여 천하의 변화에 응하며 도를 밝힘으로써 미래의 학문을 열어 젖혀서, 천하 후세 사람으로 하여금 우리의 배움이 높여야 할 만한 것임을 밝히 알도록 하여 도의 맥(脈)이 나를 의지하여 떨어지지 않도록 하려 했던 것이다. 이것이 선비로서 가장 먼저 해야 할 일이니, 그 뜻이 어찌 공변되지 않았겠는가? 요즘 이른바 배운다는 사람들은 자신의 배움이 높일 만한 것이 되게 하는 것도 아니고, 또한 자기 자신만을 잘 건사하는 것도 아니다. 입과 귀로 엮어서 주워 모으고 밖으로는 말과 행동을 꾸미는 데 지나지 않는데도 스스로는 "내가 도를 밝힌다"는 둥 "내가 이치를 궁구한다"는 둥 자화자찬해서 당대 사람들의 이목을 현혹하니, 그 끝을 연구해 본다면 이름을 드날리는 것을 비정상적으로 얻을 뿐이다. 본성을 높이고 도를 전하는 실질에서는 휘둥그레지면서 본 것이 없는 듯하니, 그 뜻은 사사로운 것이다. 이야말로 공과 사의 구분이요 진짜와 가짜의 판별이다. 어찌하여 수십 년 이래 말하는 사람들은 '아무개는 학자요, 아무개는 진정한 유자(儒者)다'라고 하면서 망령되어 서로 추어주고 자랑하기에 겨를이 없는 것일까. 이 또한 미혹되다.

(중략)

  오늘날의 거짓된 유자들은 헛되고 근거 없는 이야기를 하면서 걸 핏하면 이윤(伊尹)과 부열(傅說), 주공(周公)과 공자의 사업으로 스스 로를 기약한다. 이윤과 부열은 은(殷)나라의 유명한 재상이자 정치 가이고, 주공은 주(周)나라를 세운 문왕(文王)의 아들이자 무왕(武 王)의 동생으로서 주나라의 제도 문물을 창시하고 왕조의 기초를 확 립했다. 그러나 그들이 등용됨에 이르면 손과 발을 둘 곳을 잃어버리 고 일을 그르쳐 스스로 수습할 수 없게 되니, 당대 사람들은 비웃고 후세 사람들은 의론한다.

  조금 교활한 자들은 이와 같은 점을 미리 헤아리고는 그 이름을 그르칠까 두려워하기 때문에 문득 세상에 나오지 않고 자신의 졸렬 함을 감춘다. 이 또한 다름이 아니라 그 뜻이 사사롭기 때문이다. 아! 거짓이 진실을 어지럽혀서 한번 이 지경에 이르면 마침내 임금으로 하여금 도학에 싫증을 내게 하고 쓸모가 없다고 여기게 하니 이는 거 짓되고 사사로운 자들의 죄이다. 이 어찌 진정한 유자들이 그렇게 만 든 것이겠는가.

  우리 나라에서 이른바 도학을 하는 선비는 재앙을 맞거나 종국에 는 자기 공부를 펼쳐 내지 못한다. 모르기는 해도, 당시 윗자리에 있 던 분이 과연 그 도를 써서 실행할 수 있었다면 큰 공적은 옛사람에 비견되고 이 세상은 요순시대와 같은 태평성대를 이루게 할 수 있지 않았을까? 국론이 둘로 갈리면서부터 사사로운 논의가 너무 번성해져서, 이것으로 저것을 비방하거나 갑을 높이면서 을을 배척하여 어지럽게 터지고 갈라져서 그 옳고 그름을 정하지 못한다. 이는 모두 듣고 보는 것을 사사로이 해서 그렇게 되지 않은 것이 없다.

(중략)

이미 공과 사, 참과 거짓을 분변했다면 반드시 이치를 궁구하고 도를 밝히는 사람들이 나와서 그것을 행했을 터이다. 바깥이나 꾸미는 자들은 감히 자신의 계략을 팔아먹지 못하고 모두 순연히 거짓됨을 제거할 것이며, 나라의 큰 시빗거리도 또한 이를 따라 정해질 것이다.

이 글에서 느낄 수 있듯이 허균은 '공부해서 남 주냐?'가 아니라 '공부해서 남 주자'고 말한다. 지식을 무기로 무한한 부와 명예를 누리고자 하는 사람에게는 허균의 말이 그리 마뜩지 않을 것이다. 서양의 르네상스는 소수의 사람들이 독점하고 있었던 지식, 즉 공부의 세계를 다수의 사람들이 나누어 가짐으로써 새로운 시대를 열었다. 세상의 모든 것을 자기만의 것으로 만들고 싶어 했던 사람들에게는 '남 주는 공부'가 어쩌면 무시무시한 것으로 느껴질 수도 있다. 이런 점에서 허균이 자기만을 위한 공부를 넘어 '남 주는 공부'를 하자고 이야기하는 것은 사람과 사람 사이의 관계를 새롭게 만들어야 함을 의미하는 것으로도 읽힐 수 있으리라. 소수가 아니라 더불어 함께 나누는 그런 공부는 우승열패니 적자생존이니 하며 위계질서나 서열을 매기는 삶이 아니라 우리로서 함께 살아갈 수 있는 든든한 버팀목이 될 것이다.

그렇다면 '남 주는 공부'는 어디서부터 시작할 수 있을까. 새로운 방식의 공부와 그 공부를 통한 삶을 살고자 한다면, 무엇보다 우선 생각을 바꾸어야 할 것이다. 왜냐하면 생각이 바뀌어야 운명을 바꿀 수 있기 때문이다. 모든 것을 자기 것으로만 취하려 하는 자세보다는 자기 자신을 비우는 노력이 무엇보다 필요하지 않을까. '남 주는 공부'는 자기를 비움으로써 비로소 가능한 것이리라.

천지가 길고 또 오래갈 수 있는 까닭은 그것이 자기만 살려고 하지 않는지라. 그러므로 장생할 수 있다. 이 때문에 성인은 자신을 뒤로하지만 도리어 자신이 앞서게 되고, 자신을 도외시하므로 자신의 생명이 보존된다. 그에게 사사로움이 없기 때문이 아닐까? 그러므로 그의 사사로움을 이룰 수 있다.

— 『노자』, 제7장

노자의 말처럼 나를 비우고 세계와 만나는 것이야말로 진정으로 자기를 완성하면서 남 주는 공부를 할 수 있는 출발점이자 종착지가 될 수 있을 것이다. 공부가 그저 개인적 욕망의 도구나 수

단으로서가 아니라 모름지기 모든 사람들을 위해 추구되어야 하고 그 요체는 나 자신의 마음을 바로 하는 것이라는 허균의 말이나 자기를 비움으로써 세계를 얻을 수 있다는 노자의 말은 지금 우리가 하고 있는 공부를 다시 한 번 되돌아보는 좋은 계기가 될 것이다.

내 공부는 과연 나의 마음을 바로잡는가, 내 공부는 과연 공유될 수 있는 성질의 것인가, 내 공부는 과연 사람들의 마음을 바꾸고 나아가 세상을 바꾸는 강한 실천력을 내포한 것인가를 다시금 스스로에게 물어보며 내 공부를 점검해 보자.

반성

무엇인가 문제가 있다는 것을 알았을 때 그저 변명을 늘어놓거나 이유를 대기만 하는 것은 그 문제를 해결하기는커녕 오히려 더 키우기 십상이다. 문제를 해결하고 더 나은 무엇을 얻으려고 한다면, 변명이나 이유보다는 반성, 즉 성찰적 자세를 갖는 것이 무엇보다 중요할 것이다.

배우기만 하고 생각하지 않으면 멍청이가 되고,
생각만 하고 배우지 않으면 위태로워진다.

— 『논어』, 「위정」

그저 비판 없이 주는 지식을 달달 외우기만 하면 멍청이가 되고, 생각하는 것만 좋아하지 배우지 않으면 위태로워진다는 공자의 말은 2500년이 지난 지금에도 곰곰이 곱씹어 볼 만한 가치가 있다. 배우는 건 알겠는데 도대체 뭘 생각하라는 말인가? 요즘처럼 지식의 양이 성적과 직결되는 시대에 '생각'은 사치가 될 수도 있겠지만, 자기 자신에 대한 생각조차 사치나 낭비가 된다고는 할 수는 없다. 결국 꿈이나 목표를 가지는 것도, 그것을 위해 공부하는 것도 자기 자신이기 때문이다. 스스로에 대한 끊임없는 돌아봄, '반성'은 인문학의 오랜 주제이다.

반성(反省)이라는 말은 말 그대로 "자신의 언행에 대하여 잘못이나 부족함이 없는지 돌이켜 보는" 행위이다. 스스로를 되돌아본다는 의미는 서양에서 동일하게 사용되었던 것 같다. 반성을 의미하는 영어 단어인 '스스로 되돌아보기(self-reflection)'는 반성의 의미를 분명하게 보여 준다.

일기 쓰기는 초등학교 시절부터 학교와 가정에서 훈련받는 교육 가운데 핵심적인 부분이다. 날마다 기록한다는 의미의 일기(日記)는 개인적 기록이자 역사이며, 반성의 훈련이 이루어지는 실질적인 장이기도 하다. 일기 쓰기에 대한 훈련에서 빠지지 않는 것은 '무엇을' 적는가에 대한 문제이다. 그런데 일기를 쓴답시고 하루에 일어났던 일을 일목요연하게 적는 것은 크게 의미가 없다.

어렸을 때부터 부모님이나 선생님들은 알게 모르게 삶으로부터

의 교훈을 가르쳤다. 우리의 삶 속에서도 중요한 것은 정확한 사실 관계가 아니라, 그것이 주는 의미일 것이다.

큰 스승이 된 공자도 반성을 게을리하지 않았다.

군자는 허물을 자기에게서 구하고 소인은 남에게서 구한다.

— 『논어』, 「위령공」

선함을 보면 마음을 가다듬고 반드시 스스로를 살펴보고, 선하지 않은 것을 보면 걱정스러운 마음으로 반드시 스스로를 반성해야 한다.

— 『순자』, 「수신」

반성하는 자가 서 있는 땅은 가장 훌륭한 성자가 서 있는 땅보다 거룩하다.

— 『탈무드』

큰 스승, 위인을 키운 것은 어쩌면 스스로를 냉철하게 바라본 사람다운 '눈'인지도 모른다. 사물을 바라보는 눈은 점차 커지고 정밀해지지만, 스스로를 되돌아보는 눈은 점점 작아지고 있는 것 같다. 사람들이 공부하는 이유가 좋은 집, 좋은 차를 위해서만이 아니라 더 나은 삶을 위한 것이라면 가장 관심을 두어야 하는 것은 자기 자신이고 스스로의 내면이다. 마음으로 하는 생각, 그것이 바로 반성인 것이다.

인문학은 지식이나 정보의 습득을 넘어 삶의 문제를 고민함으로써 얻을 수 있는 내면의 성찰, 그것을 가능하게 돕는다. 그렇기에 삶으로부터 터득된 경험만으로는 한계가 있고, 또 다른 별도의 노력이 필요하다. 내면의 성찰을 돕는 공부가 필요한 까닭이다. 내면의 성찰은 이내 누군가가 하고 싶어 하는 일을 할 수 있도록 돕게 될 것이다. 배우고 익히니 좋은 것이고, 그래서 좋은 학교에 들어가고 좋은 직장을 갖게 된다면, 더불어 누군가와 함께 행복한 삶을 살아갈 수 있다면, 이것이야말로 즐거운 공부이자 우리를 위한 공부의 참다운 모습이 아닐까. 자기 자신을 위한 공부를 넘어 더불어 함께 살아갈 수 있는 공부, 그래서 모든 이들이 행복할 수 있는 그런 공부가 필요하다.

생각만 하지 말고 마음으로 행동하고, 지식에만 머물지 않고 지성으로 발전하며, 그 지성이 사랑과 합하여 지혜로움을 얻을 수 있다면, 그것이야말로 진정 우리를 위한 공부가 될 것이다. 가장 큰 실패는 도전하지 않는 것이라 하지 않았던가. 새로운 공부에 도전해 보자. 과연 나는, 우리는 어떤 공부를 하고 있을까.

인문학은 삶의 가치를 다룬다. 인문학이 당장에 밥을 해결해 주지는 못하지만, 인생을 살아가는 방법이나 태도에 대해서는 일깨워 줄 수 있다. 무릇 인간의 삶이 어디 먹고 자고 돈을 버는 일에만 관련이 있겠는가. 단순한 의식주의 문제를 넘어서 자기 존재의 고유한 가치를 깨닫고 그 속에서 자기 존재의 본질적인 의미를 깨닫는 것이야말로 사회적 존재로서의 인간이 갖는 근원적 욕망(?)의 핵심이 아니겠는가.

만일 누군가가 삶의 고단함 속에서 고통을 느끼고 있다면, 그에게 인문학적 사유가 필요한 까닭이 여기에 있다. 인문학은 현실로부터 동떨어진 고담준론이 아니라 더 나은 내일을 준비하는 삶의 새로운 에너지원이기 때문이다. 그뿐만이 아니다. 어떤 한 사회가 위기에 빠졌을 때도 인문학은 중요한 역할을 수행한다. 위기의 주된 원인은 사회적인 갈등인데, 이는 무엇보다 폭넓은 공감대가 형성되지 않았기 때문일 것이다. 이때 필요한 것이 바로 인문학이다. 인문학적 사유가 천착한 주제는 다름 아닌 인간 삶과 그 관계의 의미이기 때문이다. 과연 어느 누가, 또 어떤 사회가 이런 주제로부터 자유로울 수 있겠는가. 인문학적 사유와 소양은 단순히 개인의 차원을 넘어 사회를 아우르는 필수적인 기초라고 할 수 있다. 그렇기에 인문학은 있으면 좋고 없어도 그만인 것이 아니라, 인간 사회가 생존하는 데 필요한 절대적인 필요조건 가운데 하나라고 할 수 있다.

앎과 삶이 철저히 분리된 우리 사회의 환경 속에서 어쩌면 인문학은 마냥 쓸모없는 잡동사니에 불과할지도 모른다. 앎이 많다는 것이 곧 삶의 풍요로움을 의미하는 것이 아닐진대, 왜 우리는 지식으로서의 앎의 문제만 천착해 가고 있을까. 지식이나 정보의 습득과 더불어 성찰의 힘을 북돋아 주는 인문학, 그것이야말로 앎과 삶을 하나로 통합해 진정한 행복에 우리를 좀 더 가까이 데려다 줄 수 있지 않을까.

인간은 유한한 존재이고, 짧지만 복잡다단한 인생의 길에서 좌절과 고통을 경험하며, 때로는 양심의 가책을 느끼며 반성하기도 한다. 인문학은 이런 인간 경험의 근본적 조건들을 고민하게 하고, 이 고민들로부터 자신의 존재감과 책임을 스스로 성찰할 수 있도록 도와준다. 인간이 그저 생물학적 존재이기만 하다면, 과연 우리가 누구이며, 왜 우리가 여기에 있고, 또 우리가 어떻게 살아가야 하는지에 대해 과학의 힘을 빌리면 그뿐이다. 하지만 인간은 생물학적 존재로서의 생명과 사회적 존재로서의 생명을 모두 지닌 복합적 존재이다. 그렇기에 인간의 정신 습관, 태도, 삶의 의미나 가치, 아름다움을 다루는 인문학은 사회적 존재로서의 생명을 온전하게 보살피는 데 커다란 쓸모가 있다. 사람답게 살려는 욕구를 채워 주는 것은 단순히 돈만이 아니라 눈에 보이지 않는 인문학적 자산인 것이다.

문학, 역사, 철학으로 대표되는 인문학은 스스로의 삶을 돌아보고, 각자 자신의 삶과 미래에 대한 통찰력을 키우며, 그에 기초해 인식의 전환과 새로운 실천적 행위를 수행하는 데 도움을 준다. 그렇기에 인문학은 삶에 어려움을 느끼거나 고민을 안고 살아가는 사람들 또는 정신적인 고통이나 마음의 병에 노출될 가능성이 있는 개인이나 집단의 치유를 도울 수 있는 학문이다. 이는 인문학이 소통과 관계의 중요성을 강조하는 학문이기 때문이다. 소통이나 관계는 예로부터 인문학의 가장 중요한 관심 주제 가운데 하나였다. 인문학은 '개인의 개발'뿐만 아니라, 타인의 존재 의미와 '역지사지'의 정신을 강조한다. 그렇기에 인문학은 내가 나일 수 있는 이유는 너라는 존재가 있기 때문이라는 사실을 일깨워 준다. 그뿐만이 아니다. 인문학을 통한 소통과 관계의 중요성에 대한 인식은 사람과 사람 사이를 넘어 사람과 세상 사이, 사람과 생태계 사이의 올곧은 소통과 관계 맺기까지도 가능하게 해 줄 수 있다. 인문학이 모든 것들의 행복을 돕는 학문이 되기를 기대한다.

함께 읽고 고민하며 프로그램으로 만드는 데 도움을 준 책과 자료

『논어』.
『순자』.
『고문진보』.
『장자』.
『노자』.
김호연·유강하, 『인문치료학의 정립을 위한 시론적 연구』, 강원대학교 출판부, 2009.
김호연·유강하 외, 『인문치료』, 강원대학교 출판부, 2009.
김호연·유강하, 「인문치료의 한 모델, 인문학교」, 『인문과학연구』 제23집, 2009. 12.
김호연·유강하, 「공자의 인문학 강의와 인간의 삶-공자의 문학교육과 역사교육의 인문치료적 의미에 대하여」, 『인문과학연구』 제41집, 2011.
전경수, 「차별의 사회화와 시선의 정치과정론: 다문화가정 자녀에 관한 예비적 연구」, 『한국문화인류학』, 41:1, 2008.
신동흔, 『살아 있는 우리 신화』, 한겨레출판, 2007.
이영임, 『신화 속 인생, 인생 속 신화』, 열대림, 2007.
오스카 와일드, 『오스카 와일드 환상동화』, 이영임 옮김, 이레, 2008.
키리도시 리사쿠, 『미야자키 하야오論』, 남도현 옮김, 써드아이, 2003.
허균, 『누추한 내방』, 김풍기 옮김, 태학사, 2003.

馬如森,『殷墟甲骨文引論』, 長春: 東北師範大學出版社, 1993.

미셸 오슬로, 〈아주르와 아스마르〉, 2006.

미셸 오슬로, 〈프린스 앤 프린세스〉, 1999.

http://unicef.or.kr

http://www.kobaco.co.kr

http://www.korean.go.kr